Günther Schwarberg
Die Mörderwaschmaschine

Über den Autor:

Als Hitler an die Macht kam, kam Günther Schwarberg in die Schule. Als Hitlers Krieg zu Ende ging, wurde er zuerst Luftwaffenhelfer und dann noch Marinesoldat – voll Haß auf die Uniform und das Hakenkreuz. Sein Leben wurde beeinflußt durch die lebenslange Auseinandersetzung mit dem Faschismus und seinen Verbrechen.

Unmittelbar nach dem Kriegsende wurde Schwarberg Journalist. Zuerst Volontär, dann Redakteur des »Weser-Kurier« in Bremen. Seitdem bei vielen Zeitungen, Zeitschriften und Sendern. 24 Jahre lang, bis 1988, war er Reporter des »Stern«. Für ihn stand und steht der Feind immer rechts. Seine journalistischen Arbeiten stellten die Opfer des Faschismus und die Widerstandskämpfer in den Mittelpunkt. Berichterstattung über den Majdanek-Prozeß; über die größte Schiffskatastrophe der Weltgeschichte, die nicht etwa der Untergang der »Titanic« war – wie viele Geschichtsschreiber und Journalisten bis heute behaupten –, sondern die Bombardierung der KZ-Schiffe in der Lübecker Bucht am 3. Mai 1945 mit 7500 Toten (allerdings keine Passagiere eines Luxusliners). Die Versenkung der »Cap Arcona« und der »Athen« wurde aus dem Bewußtsein verdrängt und mußte erst wieder bewußt gemacht werden. Als die wichtigste Arbeit seines Lebens sieht Günther Schwarberg die Erforschung der Geschichte von zwanzig jüdischen Kindern an, die am 30. April 1945 im Keller der Hamburger Volksschule am Bullenhuser Damm erhängt wurden. Für diese Arbeit, die Gründung der Vereinigung »Kinder vom Bullenhuser Damm« und die jahrzehntelangen Nachforschungen nach den Angehörigen, erhielten Günther Schwarberg und die Rechtsanwältin Barbara Hüsing am 20. April 1988 als erste Deutsche den »Anne-Frank-Penning«.

Seine Bücher »Der letzte Tag von Oradour« (zusammen mit Lea Rosh), »Der SS-Arzt und die Kinder vom Bullenhuser Damm«, »Die letzte Fahrt der Exodus« und »Das Getto« erscheinen im Steidl Verlag.

Günther Schwarberg

Die Mörder-waschmaschine

Steidl

CIP-Titelaufnahme der Deutschen Bibliothek

Schwarberg, Günther:
Die Mörderwaschmaschine / Günther Schwarberg. –
Göttingen: Steidl, 1990
ISBN 3-88243-150-4

1. Auflage Februar 1990

Fotos: Archiv Günther Schwarberg (S. 15, 27 oben, 48, 59, 81, 90, 110, 124 oben), Moldvay (S. 17, 27 unten), Staatsarchiv Bremen (S. 34, 35, 37), Ebeler (S. 49, 51), Schaffrath (S. 63 oben), Thälmann-Gedenkstätte (S. 63 unten), Hüsing (S. 70), apa-Foto (S. 76), Jöst (S. 94), Eisermann (S. 124 unten, 127).
Umschlaggestaltung: Gerhard Steidl
Gesamtherstellung: Steidl, Druckerei und Verlag, Düstere Straße 4, 3400 Göttingen
ISBN 3-88243-097-4

Die Mörderwaschmaschine

Die Mörderwaschmaschine

Als der Krieg vorbei war, wurde in unserem Lande eine große Maschine aufgestellt. Da hinein kamen alle, die man weißwaschen mußte. Die Mörder und die Henker. Die Juden erschlagen hatten und Kinder getötet. Die Kirchen angezündet hatten mit Menschen darin. In die Maschine kam ein juristisches Waschpulver, das zwang Blut raus und Weiß rein, wie man es für weiße Westen braucht.

Einige wenige hatten nach dieser Blutwäsche noch Flecken, die sich durch kein Mittel entfernen ließen. Bei den meisten ging alles fleckenlos hinaus, und die Gesäuberten waren wieder brauchbar.

Die Maschine hatte auch einen Schongang. Der wurde von Weißwäschern bedient, die Staatsanwälte hießen. Sie hielten nach der Vorwäsche die Maschine an und holten die Masse der Gewaschenen strahlend weiß heraus, ehe die Maschine in den Hauptgang schaltete.

Das Waschergebnis wurde bei der Zentralstelle der Landesjustizverwaltungen in Ludwigsburg registriert: seit 1945 sind 94 756 Ermittlungsverfahren gegen Naziverbrecher eingeleitet worden. 6 482 Täter wurden rechtskräftig verurteilt. 84 326 Fälle sind ohne Bestrafung abgeschlossen.

Von denen, die gar nicht erst in die Waschmaschine kamen, weil man die Flecken nicht sah oder nicht sehen wollte, ist nicht die Rede. In diesem Buch werden dreizehn Geschichten erzählt, dreizehn Mordfälle. Damit die Täter nicht vergessen werden und die Opfer auch nicht.

1. FALL

Ein Mädchen zündet einen Pferdestall an

Das Foto auf dem Titel dieses Buches kennen Millionen Menschen in vielen Ländern der Welt. In Deutschland ist es kaum bekannt. Der Strick wurde dem Mädchen auf Befehl eines deutschen Oberstleutnants um den Hals gelegt. Er hieß Rüderer. Für diese Ermordung ist er niemals bestraft worden. Vielleicht ist deshalb dieses Bild in Deutschland weniger bekannt.

In Rußland hatten es viele Soldaten aus der Zeitung ausgeschnitten, in ihre Soldbücher gelegt oder in ihre Schranktüren geklebt. Dieses Bild erklärt ihre Wut auf die deutschen Faschisten. Heute noch lernen die Schüler den Namen dieses Mädchens: Soja Kosmodemjanskaja. Die Moskauer fahren hinaus in das Dorf Petristschewo und besuchen dort das Partisanen-Museum der Soja. Warum kennen wir nicht den Namen Rüderer?

Ich erzähle die Geschichte hier, weil sie beispielhaft ist für die »kleinen« Verbrechen der Nazis. Was ist schon ein erhängtes Mädchen gegen die vielen tausend Juden, die in der Schlucht von Babi Jar bei Kiew erschossen wurden? Und hatte der Offizier Rüderer nicht sogar das Kriegsrecht auf seiner Seite? War die Partisanin Soja nicht bewaffnet gewesen? Hatte sie nicht einen Pferdestall angezündet?

Ja. Aber der Wehrmacht-Oberstleutnant Rüderer ließ das Mädchen schlagen und foltern. Es gab kein ordentliches Militärgericht. Das Erhängen am Galgen war Mord. Ein kleiner Mord vor den großen Morden der Einsatzgruppen, die gleichzeitig Tausende Juden abknallten.

So lange bei uns im Lande Morde wie der an dem Mädchen Soja Kosmodemjanskaja nicht wahrgenommen werden, so lange haben wir keinen Rechtsstaat. So lange werden wir unsere Richter und Staatsanwälte fürchten müssen und nicht wissen, zu welchen Taten sie fähig wären, wenn es wieder einmal so käme wie damals.

Am 21. Juni 1941 tanzten in ganz Moskau die Schulabgänger in die helle Nacht zum Sonntag. Soja besuchte den Ball der 201. Schule. Sie trug ein rotes Kleid mit schwarzen Mustern und flirtete mit einem braungebrannten Jungen. Als sie nach Hause kam, war es schon früher Morgen.

Es war derselbe Morgen, an dem Oberstleutnant Rüderer um 3.15 Uhr seinem 332. Infanterieregiment den Befehl gab, mit den Truppen der 197. Infanteriedivision über die Grenze vorzurücken. Erst am Mittag dieses 22. Juni 1941 erfuhr es die Familie Kosmodemjanskaja: »Es ist Krieg, Mama, Krieg!« riefen Soja und ihr kleiner Bruder Schura, als ihre Mutter nach Hause kam. Ljubow Kosmodemjanskaja war Lehrerin. Ihr Mann war schon vor zehn Jahren gestorben.

Später schrieb sie: »An jenem ersten Tag konnten wir uns einfach nicht vorstellen, was der Krieg wirklich ist. Wir kannten noch keine Bombardierungen, wir hatten noch keine Vorstellung, wie ein Graben, ein Luftschutzraum aussah – nur zu bald waren wir gezwungen, sie einzurichten. Wir hatten das Pfeifen und Explodieren von Sprengbomben nie gehört. Wir wußten nicht, daß der Luftdruck die Fensterscheiben in tausend Stücke zertrümmert und verschlossene Türen aus den Angeln hebt. Wir kannten noch keine Evakuierung, und wir hatten noch keine Flüchtlingszüge gesehen, die, mit Kindern überfüllt, von feindlichen Flugzeugen beschossen wurden. Wir hatten noch nichts gehört von brennenden Dörfern und zerstörten Städten. Wir ahnten nichts von Galgen …«[1]

Soja war siebzehn Jahre alt, geboren am 13. September 1923. In der Schule hatte sie Deutsch gelernt. Ihr Bruder Schura war fünfzehn.

Einen Monat nach dem Überfall flogen deutsche Bomber zum ersten Male einen Angriff auf Moskau, am 22. Juli 1941. Die Schule der beiden Kinder wurde getroffen, die Bibliothek zerstört. An diesem Tage war der Oberstleutnant Rüderer mit den Truppen der Heeresgruppe Mitte schon an der Stadt Smolensk vorbeimarschiert. Bis Moskau waren es noch 390 Kilometer. Soja und Schura arbeiteten als Dreher in einer Fabrik. Bis Ende Oktober. Da war die Heeresgruppe Mitte schon an Moshaisk vorbei und hatte Wolokolamsk erobert. Weniger als neunzig Kilometer bis Moskau.

Am Abend des 30. Oktober 1941 verriet das Mädchen Soja der Mutter seine Pläne: »Mama, es ist ein großes Geheimnis: Ich gehe an die Front, ins Hinterland des Feindes. Sag niemandem etwas davon, auch nicht Schura. Sag, ich sei zum Großvater aufs Land gefahren.«

Ihre Mutter war zu Tode erschrocken: »Jetzt schien mir, als stünde ich vor einer Wand, die ich nicht überwinden konnte ... Niemand, weder ich noch der Vater, wenn er noch lebte, würde Soja zurückhalten können ... Ich gab ihr warme grüne Fausthandschuhe mit einer schwarzen Kante, die ich selber gestrickt hatte, und meine Strickjacke.«

Warme grüne Fausthandschuhe, eine Strickjacke, damit sie es warm hatte. Aber sie sollte es nicht warm haben. Adolf Hitler hatte den deutschen Truppen in Rußland befohlen: »Halten und kämpfen bis zum Äußersten. Keinen Schritt freiwillig zurückgehen ... Gefangene und Einwohner rücksichtslos von Winterbekleidung entblößen ... Alle aufgegebenen Gehöfte niederbrennen ... Partisanen-Jagdkommandos in der Heimat mit guter Winterausrüstung aufstellen.«[2]

Ein einziges Mal kam ein Brief. Soja hatte ihn am 17. November geschrieben: »Liebe Mama, wie geht es Dir jetzt? Wie lebst Du, bist Du krank? Wenn es möglich ist, schreibe einige Zeilen. Sobald ich von meinem Auftrag zurückkehre, komme ich nach Hause zu Besuch. Deine Soja.«

Kriegstagebuch des Oberkommandos der Wehrmacht vom 10. November 1941 über den Vortag: »Heeresgruppe Mitte. Es haben erreicht: ... 4. Armee: XIII. Armeekorps: Teile 137. Infanteriedivision Petristschewo ...«[3]

Das ist weniger als 50 Kilometer von Moskau entfernt.

Was mit Soja Kosmodemjanskaja an diesem Tag geschah, erfuhr ihre Mutter erst drei Monate später. Da war die deutsche Wehrmacht vor Moskau zurückgeschlagen worden.

Noch am 27. November 1941 berichtete das Kriegstagebuch des Oberkommandos der Wehrmacht: »Heeresgruppe Mitte: 4. Armee: Petristschewo ... Brückenkopf über Kljasma 22 km nordwestl. Moskau ...«[4]

Sechs Tage später, am 3. Dezember 1941: »Infolge der heftigen Gegenangriffe des Feindes ... Zurücknahme aller Teile auf das Westufer der Nara befohlen. Die Rückzugsbewegungen wurden planmäßig eingeleitet.«[5]

Am 9. Dezember 1941: »Die Zurücknahme der Ostfront erfolgte ohne wesentliche Störungen ...«[6]

Am 21. Dezember: »... Gleichzeitig griff der Feind entlang der Straße Petristschewo–Kaluga mit starken Kräften an. Die Kämpfe dauerten mit unverminderter Heftigkeit an ... Über Petristschewo drang der Feind nach NW bis an die Tarussa vor.«[7]

Am Abend des 27. Januar 1942 wurde im Moskauer Rundfunk eine Reportage von Peter Lidow verlesen, die am selben Tag in der Prawda gestanden hatte. Er schilderte den Tod einer jungen Partisanin, die Tanja genannt wurde. Sie war von den Nazis erhängt worden. Die Tat wurde bekannt, als Petristschewo wieder befreit war.

Tanja hatte einen Pferdestall und Häuser in Brand gesteckt, die von den Deutschen als Quartiere benutzt worden waren. Als sie am nächsten Tage einen zweiten Pferdestall anzünden wollte, wurde sie von einem Wachtposten überrascht. Er schlug ihr den Revolver aus der Hand. Sie wurde gefangen und zum Verhör gebracht.

»Man führte Tanja herein und zeigte auf die Bank. Sie setzte sich. Vor ihr standen Telefone auf dem Tisch, eine Schreibmaschine, ein Radio. Landkarten waren ausgebreitet. Offiziere kamen herein. Den Woronins, die hier wohnten, wurde befohlen, hinauszugehen. Der Kommandeur des 332. Infanterieregiments der 197. Division, Oberstleutnant Rüderer, verhörte Tanja selbst. Aber die Woronins konnten in ihrer Küche alles mithören.

›Wer sind Sie?‹ fragte der Oberstleutnant.

›Das sage ich nicht.‹

›Haben Sie den Pferdestall angezündet?‹

›Ja.‹

›Was wollten Sie damit erreichen?‹

›Sie vernichten.‹

›Wann sind Sie durch die Front gekommen?‹

›Am Freitag.‹

Tanja wurde gefragt, wer der Kommandeur sei und wer mit ihr gekommen war.

›Ich weiß es nicht. Ich sage es nicht.‹

Riemen pfiffen durch die Luft. Man hörte die Hiebe auf den Körper klatschen. Minuten später kam ein junger Offizier in die Küche gelaufen, hielt sich die Ohren zu.

Vier Männer schlugen mit ihren Koppeln auf das Mädchen ein. Die Woronins zählten ungefähr 200 Schläge. Dann antwortete Tanja wieder: ›Ich sage es nicht.‹

Später berichtete der Unteroffizier Karl Bauerlein, der in Gefangenschaft geraten war, er sei bei den Mißhandlungen Tanjas durch Oberstleutnant Rüderer dabei gewesen: ›Sie war eine kleine Heldin. Sie verriet nichts. Ihr

Körper war blau vor Frost, ihre Wunden bluteten, aber sie sagte nichts.‹

Nach zwei Stunden brachte man sie in das Haus von Wassilij Kulik. Sie mußte barfuß durch den Schnee gehen.

Auf der Stirn hatte sie einen großen schwarzblauen Fleck, ihre Arme und Beine waren voll Wunden. Ihre Hände waren mit einem Strick auf den Rücken gefesselt. Ihre Lippen waren dick angeschwollen und voll Blut.

Sie mußte sich auf die Bank setzen. An der Tür stand ein bewaffneter Posten. Als sie zu trinken verlangte, hielt der Soldat ihr die Petroleumlampe an den Mund. Erst als Wassilij Kulik lange für sie gebeten hatte, erlaubte der Posten, daß Tanja Wasser gebracht wurde. Sie trank zwei große Becher leer.

Dann kamen Soldaten, bedrohten sie mit ihren Fäusten, hielten ihr brennende Streichhölzer ans Kinn, einer kratzte mit einer Säge über ihren Rücken. Nachts befahl ihr der Wachtposten, aufzustehen und hinauszugehen. Sie mußte barfuß und in ihrer Unterwäsche fünfzehn bis zwanzig Minuten über die Dorfstraße laufen. Das wiederholte er jede Stunde zwischen zehn Uhr abends und zwei Uhr nachts.

Am Morgen bauten die Soldaten mitten im Dorf einen Galgen auf. Um zehn Uhr kamen Offiziere. Einer fragte sie wieder: ›Wie heißen Sie?‹

Tanja antwortete nicht.

Er fragte weiter: ›Wo ist Stalin?‹

›Stalin ist auf seinem Posten.‹

Das weitere konnten die Hausbewohner nicht mithören. Sie mußten nach draußen gehen und durften erst wieder herein, als das Verhör zu Ende war.

Die Wehrmachtsoldaten brachten Tanjas Hosen, Strümpfe, ihren Rucksack, die Streichhölzer, Salz. Die Mütze, ihre Pelzjacke, die wollene Strickjacke und ihre Stiefel hatten die Unteroffiziere unter sich aufgeteilt. Der

Soja wird zur Hinrichtung gebracht. Rechts der Unteroffizier Karl Bauerlein.

rothaarige Koch hatte die grünen Fausthandschuhe mit der schwarzen Kante genommen.

Die Benzinflaschen wurden ihr um den Hals gehängt. Dazu ein Schild ›Ich bin eine Brandstifterin‹. Dann führte man sie unter den Galgen.

Die Dorfbewohner mußten bei der Hinrichtung dabei sein. Ungefähr hundert deutsche Soldaten standen um den Platz. Das Mädchen wurde auf zwei Kisten gehoben, die übereinander standen. Man legte ihr die Schlinge um den Hals. Einer der deutschen Offiziere fotografierte mit einer Kodak-Kamera.

Tanja rief den Dorfbewohnern zu: ›Genossen, seid mutig und kämpft! Schlagt die Faschisten, verbrennt sie, verjagt sie!‹

Es dauerte eine Zeit, bis der Offizier mit den Aufnahmen fertig war. Der Kommandeur wurde ungeduldig: ›Machen Sie schneller!‹

In diesem Moment sprach Tanja ihn auf deutsch an: ›Wir sind 200 Millionen, alle könnt Ihr nicht erhängen. Sie werden mich rächen.‹ Und den Soldaten rief sie zu: ›Geht in die Gefangenschaft, ehe es für Euch zu spät ist!‹

Der Henker zog am Strick, aber Tanja hob sich noch einmal auf ihre Fußspitzen und schrie: ›Lebt wohl, Genossen! Kämpft ohne Furcht!‹

Dann stieß der Soldat mit dem Stiefel gegen die Kisten. Sie rutschten über den festgestampften Schnee. Die obere Kiste fiel polternd auf die Erde. Jemand stieß einen Schmerzensschrei aus, das Echo kam vom Walde zurück.«[8]

Während Ljubow Kosmodemjanskaja im Moskauer Rundfunk diesen Bericht hörte, wurde ihr eiskalt. Sie schrieb später auf: »Es schien mir, als ob ich innerlich erstarrte und erschauerte. Auch sie ist die Tochter einer Mutter, durchfuhr es mich.«

Den Bericht in der Prawda hatte sie nicht gesehen. Auch nicht das Foto des erhängten Mädchens.

Am 7. Februar 1942 kamen zwei Männer von der Behörde zu ihr.: »Ljubow Timofejewna, haben Sie in der Prawda von Tanja gelesen?« Und nach einer Pause sagten sie: »Das ist Ihre Soja.«

Die ganze Nacht saß Schura am Bett seiner Mutter und hielt ihr die Hände. Schließlich sagte er: »Ich weiß schon lange, schon lange alles. Damals in der Prawda war ja eine Fotografie: mit dem Strick um den Hals. Der Name war anders. Aber ich wußte, daß sie es war: Ich wußte, daß es Soja sein muß. Ich wollte es dir nicht sagen. Ich dachte, ich hätte mich vielleicht geirrt.«

Das Foto hatte er aus der Zeitung ausgeschnitten. Es zeigte ein Mädchen mit einem Strick um den Hals im Schnee. Die Mutter erkannte sofort ihre Tochter Soja.

Einige Tage später fuhr sie zusammen mit den Leuten der Behörde nach Petristschewo. Da sah sie ihre Tochter liegen. Das kleine Grab war geöffnet worden, die Tote lag im Schnee. Ihre Mutter schrieb darüber:

»Da lag sie, die Arme vom Körper weggestreckt und den Kopf mit dem Strang um den Hals zurückgeworfen.

Gefangene werden von deutschen Offizieren mit der Peitsche geschlagen. Aufnahme vom deutschen Militärgericht in Grodzisk, Oktober 1939.

Ihr Gesicht drückte Ruhe aus, trug aber die Spuren der Mißhandlungen. Auf der Wange sah ich einen dunklen Fleck von einem Schlag. Der ganze Körper war voller Wunden, auf der Brust klebte geronnenes Blut ... Wieder erschütterte mich die Ruhe dieses mißhandelten und geschlagenen Antlitzes. Ich konnte mich nicht von ihr losreißen.«

Eine junge Frau sagte der Mutter, sie sei eine Kameradin von Soja. Sie heiße Klawa. Dann begann sie von ihren Kämpfen zu erzählen. Schließlich weinte sie und konnte selbst nicht weitersprechen. Sie versprach der Mutter, ihr einen Brief zu schreiben.

Sojas Leiche wurde nach Moskau gebracht. Sie wurde auf dem Nowodewitschi-Friedhof begraben. Auf ihrem Grabstein stehen Worte des Dichters Nikolai Ostrowski, die Soja einmal in ihr Tagebuch geschrieben hatte: »Das Wertvollste, was der Mensch besitzt, ist das Leben. Es wird ihm nur einmal gegeben, und nutzen sollte er es so, daß er sterbend sagen kann: Mein ganzes Leben, meine ganze Kraft habe ich dem Herrlichsten auf der Welt – dem Kampf für die Befreiung der Menschen gewidmet.«[9]

Einige Zeit später erhielt Ljubow Kosmodemjanskaja den Brief der Partisanin Klawa.

»Ich heiße Klawa und war mit Ihrer Soja in einer Partisanenabteilung. Ich weiß, als ich Ihnen in Petristschewo begegnete, fiel es Ihnen schwer, mir zuzuhören. Aber ich weiß auch etwas anderes. Für Sie ist es wichtig und wertvoll, von jeder Minute zu wissen, die Soja fern von Ihnen verlebte. Und Lesen ist sicher leichter als Hören. Deshalb will ich versuchen, Ihnen in diesem Brief von allem, was ich weiß und dessen ich mich erinnere, zu erzählen.

Mitte Oktober wartete ich mit anderen Komsomolzen im Korridor des Moskauer Komitees des Komsomol darauf, daß mich der Sekretär empfangen würde. Ich wünschte, genau wie die anderen, daß man mich ins Hinterland des Feindes schicke. Inmitten der großen Menge bemerkte ich eine sonnengebräunte Komsomolzin mit grauen Augen. Sie trug einen braunen Mantel mit einem Pelzkragen und dem gleichen Pelzstreifen am Saum. Sie sprach mit niemandem, und man merkte, daß sie keinen von den anderen kannte. Aus dem Zimmer des Sekretärs kam sie mit freudig glänzenden Augen heraus, lächelte denen, die an der Tür standen, zu und ging schnell zum Ausgang. Voller Neid sah ich ihr nach. Es war klar, daß man sie für würdig befunden hatte. Dann wurde ich empfangen.

Am 31. Oktober – diesen Tag werde ich nie vergessen – ging ich zum Kino Colosseum. Von dort sollte eine große Gruppe Moskauer Komsomolzen zur Truppe fahren. Es nieselte und war kalt und feucht. Am Eingang zum Colosseum bemerkte ich wieder die grauäugige Komsomolzin. ›Wollen Sie ins Kino?‹ fragten wir die Ankommenden, und alle antworteten: ›Ja.‹ Aber als die Kinokasse geöffnet wurde, kaufte niemand Karten. Wir sahen einander an, und alle lachten. Da trat ich auf das Mädchen mit den grauen Augen zu und fragte: ›Wie heißen Sie?‹ Und sie antwortete: ›Soja.‹

Dann holten Soja und ein anderes Mädchen, Katja, Mandelkerne aus einem Laden und boten allen davon an. ›Damit es im Kino nicht langweilig wird‹, sagte Soja lächelnd. Bald hatten wir uns alle bekannt gemacht. Dann kam ein Auto, wir stiegen ein und fuhren durch ganz Moskau zur Moshaisker Chaussee. Unterwegs sangen wir.

Wir passierten die letzten Moskauer Häuser und waren auf der Moshaisker Chaussee. Dort bauten Frauen und junge Burschen Befestigungen, und wir alle hatten nur den einen Gedanken: Der Feind darf nicht unser Moskau erobern! Alle Moskauer, alte und junge, waren bereit, die Stadt zu befestigen und zu verteidigen. Gegen Abend kamen wir bei unserem Truppenteil an. Er lag hinter Kunzewo. Sofort nach dem Essen begann der Unterricht.

Unterweisung im Umgang mit den Handfeuerwaffen – Revolver, Mauserpistole und Parabellum. Wir nahmen sie auseinander, setzten sie zusammen und kontrollierten einander dabei. Soja machte sich sehr schnell vertraut mit dem, was uns erklärt wurde. ›Hier sollte mein Bruder dabeisein‹, sagte sie zu mir. ›Er hat geschickte Hände und kann jeden beliebigen Mechanismus im Handumdrehen auseinandernehmen und wieder zusammensetzen, sogar ohne jede Erklärung.‹

Wir waren zehn Mädchen im Zimmer, kannten uns alle kaum dem Namen nach, aber als eine Stubenälteste gewählt werden sollte, riefen sofort mehrere: ›Soja.‹ Und ich bemerkte, daß sie nicht nur mir, sondern auch den anderen gut gefiel.

Am folgenden Morgen wurden wir um sechs Uhr geweckt. Um sieben sollten schon die Übungen beginnen. Soja trat an mein Bett und sagte scherzhaft: ›Steh schnell auf, sonst gibt es eine kalte Dusche‹, und zu einem anderen Mädchen, das sich noch zögernd im Bett herumdrehte, sagte sie: ›Was bist du für ein Soldat? Wenn geweckt wird, muß man sofort aufspringen!‹ Während des Frühstücks drängte sie uns auch fortwährend. Jemand sagte: ›Was kommandierst du immerzu herum?‹ Ich dachte, sie würde jetzt irgendeine bissige Antwort geben. Aber Soja sah das Mädchen nur durchdringend an und erwiderte: ›Ihr habt mich selbst gewählt, nun müßt ihr mir auch gehorchen.‹

Später hörte ich oft über Soja sagen: ›Sie schilt niemals, aber sie hat so einen Blick ...‹

... Am 4. November fuhren wir in die Gegend von Wolokolamsk, wo wir die Frontlinie überqueren und ins Hinterland des Feindes eindringen sollten. Wir hatten den Auftrag auf der Wolokolamsker Chaussee Minen zu legen. Zwei Gruppen begaben sich nach Wolokolamsk, unsere und die von Konstantin P. Wir gingen in verschiedene Richtungen ...

Die Frontlinie überschritten wir im Dunkel der Nacht, sehr still, ohne daß ein einziger Schuß fiel. Dann wurden Soja und ich zur Aufklärung vorgeschickt. Wir machten uns freudig auf den Weg, wir wollten gern sobald wie möglich unsere Aufgabe erfüllen. Aber kaum waren wir einige Schritte gegangen, als plötzlich zwei Motorräder so nahe an uns vorüberjagten, daß wir mit der Hand nach ihnen hätten greifen können. Es hieß also, die Vorsicht auf keinen Fall außer acht zu lassen. Wir wollten nicht lebend in ihre Hände fallen. Dann krochen wir. Das Herbstlaub raschelte, und jedes Geräusch schien uns sehr laut. Trotzdem kroch Soja schnell und so leicht, als ob ihr das keine Anstrengung machte.

So krochen wir drei Kilometer neben der Chaussee her. Dann kehrten wir in den Wald zurück, um unseren Kameraden zu sagen, daß der Weg frei sei. Die Kameraden gingen zu zweit fort und begannen mit dem Minenlegen. Wir vier Mädchen standen einstweilen Wache. Kaum waren die Kameraden fertig, als wir in der Ferne Motorengeknatter hörten, zuerst kaum vernehmbar, dann immer lauter und näher. Wir warnten die Kameraden und liefen alle gebückt in den Wald. Wir wagten kaum zu atmen. Da ertönte eine Explosion. Mit einem Schlage wurde es hell. Und dann trat Stille ein. Uns schien, sogar der Wald hatte aufgehört zu rauschen. Dann hörten wir die zweite Explosion, dann die dritte, Schüsse, Schreie ...

Wir gingen tief in den Wald hinein. Als es hell geworden war, rasteten wir. Wir wünschten einander Glück zum Feiertag, denn es war der 7. November. Gegen Mittag machten Soja und ich uns auf, um auf der Landstraße, die von Kraftwagen befahren wurde, Stacheldrahthindernisse auszuwerfen – sie sollten die Reifen der Autos zerreißen. Dabei bemerkte ich etwas, wovon ich mich danach täglich mehr überzeugen konnte: Mit Soja zusammen hatte man keine Furcht. Sie tat alles sehr genau, ruhig und sicher. Vielleicht gingen deshalb alle so gern mit ihr zur Aufklärung.

Am Abend desselben Tages kehrten wir »nach Hause« zur Abteilung zurück. Wir erstatteten Bericht über die Erfüllung der Aufträge und gingen dann zum Baden. Ich weiß noch, daß Soja und ich danach zum erstenmal über uns persönlich sprachen. Wir saßen auf dem Bett. Soja hielt mit den Armen die Knie umspannt. Mit ihrem kurzgeschnittenen Haar und den vom Baden geröteten Wangen kam sie mir noch ganz kindlich vor.

Plötzlich fragte sie: ›Sag mal, was warst du, bevor du hierherkamst?‹

›Lehrerin.‹

›Dann muß ich dich also mit Sie und mit vollem Namen anreden!‹, rief Soja aus.

Ich muß Ihnen erläutern, daß Soja alle Mädchen duzte, aber die Jungen mit Sie anredete. Aber jetzt hatte sie das so drollig herausgebracht, daß ich unwillkürlich lachen mußte. Jeder mußte merken, daß Soja wirklich noch ganz unerfahren war, daß sie mit ihren kaum achtzehn Jahren unmittelbar von der Schulbank hierhergekommen war.

›Was fällt dir ein – mit Sie und mit vollem Namen!‹ sagte ich. ›Ich bin nur drei Jahre älter als du.‹ ...

Am nächsten Tage bekamen wir einen neuen Auftrag. Der Bestand der Gruppe hatte sich völlig verändert, aber die Mädchen waren dieselben geblieben: Soja, Lida Bulgina, Vera Woloschina und ich. Wir hatten einander alle sehr gern. Unser neuer Kommandeur hieß Boris. Er war sehr beherrscht, ruhig, ein wenig scharf, aber er schalt nie und ließ es auch bei den anderen nicht zu. Soja wiederholte gern seine Worte: ›Wenn man schilt, wird man selbst nicht klüger und macht auch den anderen nicht besser.‹

Mit Brennstoff-Flaschen und Granaten behängt, machten wir uns ins Hinterland des Feindes auf. Diesmal mußten wir uns durchkämpfen, aber alle blieben unversehrt. Am darauffolgenden Tag erhielten wir jedoch die richtige Feuertaufe: Wir wurden von drei Seiten ins Kreuzfeuer genommen.

›Hinlegen, Freunde‹, schrie Vera.

Wir warfen uns hin, preßten uns förmlich in die Erde. Als das Feuer auffhörte, krochen wir etwa 800 Meter weiter, da bemerkten wir, daß drei von unseren Kameraden fehlten.

›Gestatten Sie mir, zurückzugehen und zu sehen, ob jemand verwundet ist‹, sagte Soja zu dem Kommandeur.

›Wen nehmen Sie mit?‹ fragte Boris.

›Ich gehe allein.‹

›Warten Sie erst, bis sich die Faschisten beruhigt haben.‹

›Nein, dann ist es zu spät.‹

›Gut, dann gehen Sie.‹

Soja kroch davon. Wir warteten und warteten, aber sie kam nicht zurück. Es verging eine Stunde, eine zweite, eine dritte ... In mir stieg eine furchtbare Ahnung auf: Soja war tot. Anders war ihr Ausbleiben nicht zu erklären. Aber als es zu tagen begann, kehrte sie zurück. Sie war mit Waffen behängt, ihre Hände waren blutig, ihr Gesicht grau vor Erschöpfung.

Die drei Kameraden waren tot. Soja war zu jedem hingekrochen und hatte allen die Waffen abgenommen. Aus Veras Tasche brachte sie ein Bild von deren Mutter mit und ein kleines Notizbüchlein mit Versen.

Das erste Feuer zündeten wir tief im Walde an, aus breiten, trockenen Tannenzweigen, denn sie rauchten nicht. Das Feuer war so klein, daß es auf einem Teller Platz gefunden hätte, denn wir fürchteten uns, ein großes anzufachen. Wir wärmten unsere Hände und machten Konserven heiß. Der Winter hatte völlig schneelos begonnen, es war nirgends Wasser zu finden, und der Durst quälte uns sehr.

Ich wurde zur vorbereitenden Aufklärung fortgeschickt. Kaum lag ich in einem niedrigen Tannenwäldchen, als sich einige Hitler-Soldaten näherten, dicht neben mir stehenblieben und eine Unterhaltung anfingen. Sie lachten dabei. Es verging ungefähr eine Stunde. Meine Beine waren ganz erstarrt, meine Lippen ausgedörrt. Ich konnte es kaum erwarten, daß sie weggingen und mußte ohne Erfolg von meiner Aufklärung zurückkehren. Soja empfing mich. Sie stellte keine Fragen, sondern band mir nur einen Schal um den Hals und richtete mir einen Platz möglichst nahe dem Feuer her. Dann kam sie mit einem Becher und sagte: ›Hier habe ich ein paar Eiszapfen für dich aufgehoben, siehst du, es ist etwas Wasser abgeschmolzen. Trink!‹

›Das werde ich dir nie vergessen‹, sagte ich.

›Trink, trink‹, antwortete Soja.

Dann machte sich unsere Gruppe wieder auf den Weg. Soja und ich gingen als Aufklärer 100 Schritte voraus, die übrigen folgten in anderthalb Metern Abstand. Plötzlich blieb Soja stehen und hob die Hand zum Zeichen, daß die ganze Gruppe anhalten sollte. Vor Soja lag ein toter Rotarmist auf der Erde. Wir untersuchten ihn. Seine Beine und seine Schläfe waren durchschossen.

In der Tasche fanden wir einen Zettel: ›Rodionow, Leutnant eines Panzerabwehrbataillons. Ich bitte, mich als Kommunisten anzusehen.‹

Soja faltete das Blatt zusammen und steckte es in die Brusttasche ihrer Watteweste. Ihr Gesicht war streng, die Brauen zusammengezogen, und sie glich in diesem Augenblick schon nicht mehr einem jungen Mädchen, sondern vielmehr einem Kämpfer, der am Feinde ohne Schonung Rache nehmen wird.

Wir näherten uns Petristschewo, wo starke Kräfte des Gegners zusammengezogen waren. Unterwegs durchschnitten wir die Telefonverbindungen. Nachts kamen wir nach Petristschewo.

Der Wald in der Umgebung des Dorfes ist dicht. Im Unterholz entzündeten wir ein richtiges Feuer. Der Kommandeur schickte einen von den Jungen auf Wache, die übrigen setzten sich rings um das Feuer. Rund und gelb ging der Mond auf. Es schneite, die riesigen, dichten Tannen um uns herum waren mit Schnee bedeckt.

›So eine Tanne auf dem Manegeplatz!‹, sagte Lida.

›Und in demselben Putz‹, fiel Soja ein.

Dann verteilte Boris die letzte Ration. Jeder bekam einen Zwieback, ein Stück Zucker und ein kleines Stück Fisch. Die Jungen schlangen sofort alles hinunter, aber wir nahmen nur kleine Bissen zu uns, um den Genuß recht lange zu haben. Soja sah ihren Nachbarn an und sagte: ›Ich bin satt, ich will nicht mehr. Da, nimm!‹ Damit streckte sie ihm ihren Zwieback und Zucker hin. Er weigerte sich zuerst, aber dann nahm er es an.

Wir schwiegen eine Weile. Lida Bulgina sagte: ›Wie gern lebe ich!‹

Der Klang dieser Worte ist mir unvergeßlich. In ihnen schwang der feste Glaube an ein langes und schönes Leben. Dann begann Soja, aus dem Gedächtnis Majakowski aufzusagen. Ich hatte vorher niemals gehört, wie sie Gedichte vortrug ...

Nachdem das Gelände erkundet war, verteilte Boris die Aufträge. Ich hörte ein Gespräch zwischen Soja und ihm.

›Sie bleiben hier auf Wache‹, sagte Boris.

›Ich bitte, mir einen Auftrag zu geben.‹

›Die Aufträge bekommen nur die Jungen.‹

›Die Schwierigkeiten müssen gleichmäßig verteilt werden. Ich bitte Sie.‹

Das klang aus ihrem Munde wie eine Forderung. Der Kommandeur war einverstanden. Ich ging zur Aufklärung. Soja bekam den Auftrag, nach Petristschewo zu gehen. Bevor sie sich auf den Weg machte, sagte sie zu mir: ›Komm, laß uns die Revolver tauschen. Meiner ist besser. Aber ich werde mit deinem und mit meinem gleich gut fertig.‹

Sie nahm meinen einfachen Revolver und gab mir ihre automatische Pistole. Ich benutze sie noch jetzt, sie trägt die Nummer 12719 der Tulaer Fabrik, hergestellt 1935. Ich werde sie bis zum Ende des Krieges nicht aus der Hand geben.

Soja kam ganz verwandelt – man kann es nicht anders nennen – nach der Erfüllung ihres Auftrags zurück. Sie hatte einen Pferdestall und ein Haus in Brand gesteckt.

›Es ist ein ganz anderes Gefühl, wenn man etwas Richtiges getan hat‹, sagte sie.

›Hast du etwa bisher nichts getan? Du bist doch zur Aufklärung gegangen, hast Leitungen durchgeschnitten ...‹

›Das ist noch nicht das Richtige!‹ unterbrach mich Soja. ›Das ist zu wenig!‹

Mit Erlaubnis des Kommandeurs ging sie noch einmal nach Petristschewo. Wir warteten drei Tage auf sie, aber sie kam nicht zurück. Das übrige wissen Sie.

Obgleich ich mit Soja nur einen Monat lang zusammen war, so war sie doch für mich ebenso wie für die anderen Mitglieder unserer Abteilung einer der strahlendsten, reinsten Menschen, die wir jemals kannten.«

Menschen wie Soja hatten dazu beigetragen, daß die deutsche Wehrmacht zum ersten Male zurückgeschlagen wurde. Von ihnen ging die Hoffnung aus, daß der Faschismus nicht die Welt erobern werde.

Von der militärischen Bedeutung der Partisanen zeugen viele Einzelberichte der Wehrmachtführung: »Es ist daher während des ganzen Winters unabhängig von der Witterung und besonders bei unsichtigem Wetter mit russischen Angriffen zu rechnen ... In gleicher Weise muß in den Wintermonaten mit verstärkter Fortsetzung beziehungsweise Wiederaufnahme des Kampfes im Rücken

An den Pranger gestellt. Schon 1933 übten deutsche SS-Männer die Selektion ihrer Gegner: Nach der Reichstagswahl vom 12. November wurde in Nagold der junge Kommunist Wilhelm Axt auf den Brunnen des Vorstadtplatzes gestellt mit einem Schild: »Ich habe mit Nein gestimmt. Ich bin ein Volksverräter!« Zwei SS-Männer postierten sich vor ihrem Opfer.

An den Galgen gehängt. Acht Jahre später wurden in Rußland die Gegner an improvisierten Galgen aufgehängt. Auch vor ihnen postierten sich die Täter.

der deutschen Truppe durch Partisanen und Sabotage-Abteilungen gerechnet werden«, verzeichnet der Bericht der Operationsabteilung des Generalstabes im OKH (Oberkommando des Heeres) am 1. Dezember 1941.[10]

Die deutschen Soldaten konnten sich auch im Hinterland nicht mehr sicher fühlen. Es war eine panische Rückzugssituation entstanden. Hitler drohte am 18. Dezember 1941: »Unter persönlichem Einsatz der Befehlshaber, Kommandeure und Offiziere ist die Truppe zum fanatischen Widerstand in ihren Stellungen zu zwingen, ohne Rücksicht auf durchgebrochenen Feind in Flanke und Rücken.«[11]

In Rußland hatten viele Soldaten, wie Schura, das Foto der toten Soja aus der Prawda ausgeschnitten und im Kampf bei sich. Soja war zu einer Schwester geworden. Sie verkörperte die russische Familie. Der entscheidende Sieg bei Stalingrad im Winter 1942 auf 1943 war auch ein Sieg dieser Partisanin. Soja hat bei Stalingrad gesiegt.

Am 24. Oktober 1943 standen noch einmal Fotos von Soja in der Prawda. Sie waren in dem Dorf Potapowo bei Smolensk in den Manteltaschen eines toten deutschen Offiziers gefunden worden. Die Bilder zeigten Soja bei der Hinrichtung. Um den Hals das Schild »Ich bin eine Brandstifterin«. Der Offizier war der Fotograf gewesen, der fast zwei Jahre vorher, am 10. November 1941, von Oberstleutnant Rüderer zur Eile bei den Aufnahmen getrieben worden war.

Was aus Rüderer geworden ist, weiß man nicht. Nach der Haager Landkriegsordnung war die Bestrafung von Partisanen nur durch ein Militärgericht zulässig, die Folterung verboten.

Hätte die Wehrmacht wirklich die »saubere Rolle« gespielt, die sie sich so gern andichtet, dann hätte man den Oberstleutnant Rüderer und seine Mittäter schon während des Krieges in Rußland vor ein Militärgericht stellen müssen.

Das ist nicht geschehen. Auch nach dem Kriege hat es kein Verfahren wegen der Ermordung der Soja gegeben.

In Deutschland, zumindest in der Bundesrepublik, blieb die verachtende Einstellung zu den Partisanen. Sie waren in der Nazizeit als Untermenschen und Terroristen behandelt worden, und für viele Menschen blieben sie es. Am 25. Juni 1979 wurde der Polizeihauptmann Werner Heinrich Poehls von der 8. Strafkammer des Landgerichts Kiel freigesprochen. Er hatte zur selben Zeit wie Rüderer, im Herbst 1942, bei Brest Litowsk 417 Dorfbewohner erschießen lassen. Männer, Frauen, kleine Kinder. Der Polizeihauptmann Poehls erklärte den Richtern, es sei bei diesen »Befriedungsaktionen« um die Tötung von »Partisanenfamilien« gegangen. Auch Frauen und Kinder hätten sich oft als Meldegänger betätigt. Die Richter bescheinigten dem Mann, er habe bei der Erschießung der Partisanen nicht grausam gehandelt und keine »gefühllose Tätergesinnung« gehabt.

2. FALL

Generalstreik gegen ein Gericht

Ein einziges Mal hat die Bevölkerung eines ganzen deutschen Bundeslandes mit einem Generalstreik gegen ein Urteil protestiert. Zwei Judenmörder waren vor dem Landgericht mit einer viel zu geringen Strafe davongekommen, fanden Bevölkerung und Parlament. Das war am 9. Mai 1947 im Lande Bremen.

Bericht des »Weser-Kurier« vom folgenden Tage: »Als die Zeiger der Uhren auf fünf Minuten vor zwölf Uhr rückten, blieben Straßenbahnen und Kraftfahrzeuge stehen. In kleinen Gruppen diskutierten die Passanten. Vom Hafen und den Fabriken her war der Ton der Sirenen zu vernehmen, die zur Arbeitsruhe aufforderten. Protestakte fanden in sämtlichen großen und kleinen Betrieben und Baustellen statt. Auch in Vegesack und Bremerhaven wurde für fünf Minuten die Arbeit niedergelegt. Annähernd 50 000 Arbeiter sollen in Bremen an dem Protest teilgenommen haben. Pünktlich um zwölf Uhr setzten die Straßenbahnen ihre Fahrt fort. In den Betrieben erhoben sich die Werktätigen und gingen wieder an ihre Arbeitsplätze.«

Die 50 000 protestierten gegen ein Urteil der Bremer Richter Dr. Oster und Dr. Ihlau. Sie hatten am 2. Mai 1947 die beiden Brüder Wilhelm und Ernst Behring zu acht und zu sechs Jahren Zuchthaus verurteilt, die in der »Reichskristallnacht« 1938 den Juden Heinrich Rosenblum ermordet hatten. Diese Strafe für einen Mord wurde zwei Jahre nach der Befreiung für überhaupt nicht angemessen gehalten. Sie war ein politischer Skandal.

Zumal herauskam, daß der Vorsitzende Richter ein alter Nazi war.

Das Gericht wollte nicht von einem Mord ausgehen. Die beiden Täter hätten den Juden nur totgeschlagen.

Heinrich Rosenblum war in der »Kristallnacht« 46 Jahre alt gewesen. Er stammte aus dem Dorf Chrzanow bei Krakau. Als er sechs Jahre alt war, zogen seine Eltern mit ihm nach Bremen. Der Vater war ein Buchbinder. Die Familie wohnte in einem niedrigen Haus in der winkligen Gasse »Im Schnoor« Nummer 3. Heute ist der Schnoor eine Flanierstraße von Bremen mit Restaurants und Boutiquen. Damals war sie ein Armenquartier. Der Junge lernte bei dem Bremer Glaser Franz Hermann Hoyer. Dann kam bald der Erste Weltkrieg. Heinrich Rosenblum mußte vier Jahre lang für den Kaiser kämpfen. Er wurde verwundet. Anstelle seiner Gesundheit hatte er am Ende des Krieges das »Eiserne Kreuz« und das »Bremische Hanseatenkreuz«. Er habe sich »im besonderen Maße« um Deutschland verdient gemacht, stand in der Verleihungsurkunde.

Aber Heinrich Rosenblum war kein großer Kämpfer, sondern ein kleiner Kaufmann. 1924 eröffnete er in der Thedinghauser Straße 46 eine Eisen- und Metallgroßhandlung. Er hatte eine Frau und vier Kinder. Dann kamen die Nazis an die Macht. Sein jüdisches Geschäft wurde boykottiert. Er konnte nur noch wenig verkaufen. Das Ende kam in der »Reichskristallnacht« am Abend des 9. November 1938. In Paris war der Nazi-Diplomat Ernst vom Rath von einem Juden erschossen worden. In Deutschland organisierten die Nazis ihre »Rache« an den Juden. In Bremen gab der Jurist Heinrich Böhmcker, Regierender Bürgermeister und SA-Gruppenführer, den Befehl zur Zerstörung der jüdischen Geschäfte. Sein SA-Stabsführer Römpagel unterschrieb ihn: »Sämtliche jüdischen Geschäfte sind sofort von SA-Männern in Uniform zu zerstören. Nach der Zerstörung hat eine SA-

Wache aufzuziehen, die dafür zu sorgen hat, daß keinerlei Wertgegenstände entwendet werden können. Die Verwaltungsführer der SA stellen sämtliche Wertgegenstände einschließlich Geld sicher. Die Presse ist heranzuziehen. Jüdische Synagogen sind sofort in Brand zu stecken, jüdische Symbole sind sicherzustellen. Die Feuerwehr darf nicht eingreifen. Es sind nur Wohnhäuser arischer Deutscher zu schützen von der Feuerwehr. Jüdische anliegende Wohnhäuser sind auch von der Feuerwehr zu schützen, allerdings müssen die Juden raus, da Arier in den nächsten Tagen dort einziehen werden. Die Polizei darf nicht eingreifen. Der Führer wünscht, daß die Polizei nicht eingreift. Die Feststellung der jüdischen Geschäfte, Läger und Lagerhäuser hat im Einvernehmen mit den zuständigen Oberbürgermeistern und Bürgermeistern zu erfolgen, gleichfalls das ambulante Gewerbe. Sämtliche Juden sind zu entwaffnen. Bei Widerstand sofort über den Haufen schießen. An den zerstörten jüdischen Geschäften, Synagogen und so weiter sind Schilder anzubringen mit etwa folgendem Text: ›Rache für Mord an vom Rath. Tod dem internationalen Judentum. Keine Verständigung mit den Völkern, die judenhörig sind.‹ Dieses kann auch erweitert werden auf die Freimaurerei.«

Die Schlägertrupps der SA machten sich auf zum Mord. Die Synagoge in der Gartenstraße wurde angezündet. Aus dem jüdischen Gemeindehaus stahlen die Uniformierten das Silber. Im nördlichen Bremen wurde die Aumunder Synagoge verbrannt. Betstuben und Kapellen wurden zerstört. Der jüdische Friedhof in Hastedt verwüstet. 30 Geschäfte in der Innenstadt geplündert.

Dann zogen die Mordbrenner zu den Wohnungen der Juden. Sie trieben die Menschen auf die Straße. Warfen die Schränke hinaus. Zerrissen Bücher. Stahlen Geld. Das Altersheim in der Gröpelinger Heerstraße wurde gestürmt. Die alten Frauen und Männer wurden geschlagen. Auf die Straße gejagt. Mit Lastwagen zur Sammelstelle im Alten Gymnasium und ins Konzentrationslager Mißler im Stadtteil Findorff gebracht. Am nächsten Tag wurden 162 jüdische Männer zuerst ins Zuchthaus Oslebshausen gebracht. Von dort kamen sie ins Konzentrationslager Sachsenhausen.

Eine Frau und ein Mann blieben tot zurück.

Der SA-Obersturmführer Heike brach mit seinem Trupp in das Haus des jüdischen Fahrradhändlers Josef Swinizki in der Hohentorstraße 49/53 ein. Der Mann war geflüchtet. Im Schlafzimmer war nur noch seine Frau Selma. Heike fragte sie, wo ihr Mann sei. Sie wollte ihm nicht antworten. Da erschoß er sie. Der SA-Truppführer Wilhelm Behring und sein Bruder Ernst, Scharführer, wurden nachts um zwei zur Bremer SA-Zentrale »Johann-Gossel-Haus« befohlen. Dort bekamen sie vom Sturmführer Hinrichsen einen klaren Mordbefehl: Die

Ein jüdisches Fahrradgeschäft in Bremen – bis zum 9. November 1938.

Selma Swinizki – in Bremen ermordet am 9. November 1938.

deutsche Reichsregierung habe Maßnahmen wegen der Ermordung des Diplomaten vom Rath angeordnet. Ihre Aufgabe sei es, auf Befehl des Führers den jüdischen Kaufmann Heinrich Rosenblum zu erschießen.

»Sollen wir ihn wirklich erschießen?« fragten beide Brüder zurück.

Sturmführer Hinrichsen: »Ja, selbstverständlich fertigmachen! Macht, was Ihr wollt, kuhlt ihn meinetwegen im Neuenlander Feld ein.«

Wenn sie den Befehl nicht ausführten, werde ihnen das gleiche passieren wie Röhm. Den Stabschef der SA, Ernst Röhm, hatte Hitler 1934 erschießen lassen.

Die Brüder Behring, beide Bäckermeister, hatten Rosenblum nie gesehen. Aber sie gingen gehorsam zum Geschäftshaus in der Thedinghauser Straße. Unterwegs sagte Ernst Behring: »Ein verflucht harter Befehl.«

Aber Wilhelm antwortete nur kurz: »Befehl ist Befehl.«

Es war ungefähr drei Uhr nachts. Sie klopften mehrmals an das Schlafzimmerfenster. Heinrich Rosenblum stand auf, kam aus der Tür, fragte. Sie befahlen ihm, seinen Personalausweis zu zeigen. Sie kannten ihn ja nicht, wollten keinen Falschen erschießen. Er ließ die SA-Leute ein, holte seinen Ausweis aus der Jacke, zeigte ihn vor. Wilhelm Behring sagte zu ihm: »Sie sind verhaftet. Machen sie sich fertig!« Heinrich Rosenblum wandte sich zu Seite. Er wollte den Ausweis wieder in die Jacke stekken. Da schoß ihn Wilhelm Behring in den Kopf. Dann rannten die beiden Brüder weg, zurück zur SA-Zentrale. Meldeten den Vollzug.

»Völlig erschüttert«, behaupteten später die Richter der Bundesrepublik in ihrem Urteil.

Die Richter der Nazijustiz bekamen solche Täter gar nicht erst vor ihr Gericht. Dafür sorgte das Reichsjustizministerium. Pro forma wurden damals vom »Obersten Parteigericht« der Nazipartei Verfahren gegen 26 SA-Leute geführt, die Juden ermordet hatten. In allen

Heinrich Rosenblum – in Bremen ermordet am 9. November 1938.

Fällen stellten die Parteirichter fest: Es habe sich um entschuldbare »Übergriffe« gehandelt, und »unwürdige Motive« seien nicht erkennbar. Die SA-Leute hätten entweder einen Tötungsbefehl befolgt, oder sie seien von ihren »Haßgefühlen auf die Juden« überwältigt worden. Deshalb seien weder ein Parteiausschluß noch eine Strafverfolgung zu rechtfertigen.[12]

Auch gegen die drei Mörder Wilhelm und Ernst Behring und den SA-Obersturmführer Heike waren Verfahren eingeleitet worden. Sie wurden vor dem »Sondersenat« in Hamburg wegen Befehlsüberschreitung angeklagt. Aber die Parteirichter urteilten: Wenn die Angeklagten im Gefühl der Pflichterfüllung über ihren Befehl hinausgegangen seien, müsse ihnen zugute gehalten werden, daß sie aus echter nationalsozialistischer Gesinnung gehandelt hätten. Die Verfahren wurden eingestellt.

Nach dem Krieg sah es eine Zeitlang so aus, als wolle die Justiz nun die Verbrechen der Nazis gerecht bestrafen. Die beiden Brüder Behring wurden am 25. Februar 1946 vom Bremer Oberstaatsanwalt Heino Bollinger wegen Mordes angeklagt. Die Tat sei aus niedrigen Beweggründen und heimtückisch begangen worden. Ein Befehlsnotstand habe nicht bestanden.

Schon damals ließ sich das Gericht viel Zeit. Man glaubte zu wissen, warum: Der Vorsitzende Richter Dr. Oster war selbst Nazi gewesen. Er hatte als Kriegsgerichtsrat an schlimmen Verbrechen teilgenommen. Die Angeklagten waren seine Gesinnungsfreunde. Auch einer der beiden Beisitzer war Mitglied der Nazipartei gewesen.

Am 2. Mai 1947 fand die Verhandlung statt. Der Staatsanwalt Bollinger verlangte für beide Täter lebenslange Zuchthausstrafe wegen Mordes. Der Verteidiger von Ernst Behring, Dr. Herbert d'Oleire, beantragte für seinen Mandanten Freispruch, weil er nicht geschossen habe.

Für seinen Bruder Wilhelm plädierte dessen Rechtsanwalt Pohl auf eine milde Strafe, und zwar nicht wegen Mordes, sondern nur wegen Totschlags.

Die Richter gaben den beiden Judenmördern noch Rabatt. Sie hätten aus einem Zustand der »inneren Erstarrung und Versteinerung« gehandelt. Diese »Blokkierung jeden freien Entschlusses« habe die Regung des Gewissens verhindert, so daß sie nicht überlegen konnten, was sie eigentlich taten.

Als Mörder hätten sie nur bestraft werden können, wenn die Tötung »mit Überlegung« ausgeführt worden wäre. So stand es in der bis 1941 geltenden Fassung des Mordparagraphen 211 des Strafgesetzbuches. Also wertete das Gericht die Tötung von Heinrich Rosenblum nur als Totschlag. Außerdem unterschied das Gericht zwischen »kriminell veranlagten Naturen« und Menschen »mit gutem Leumund« wie den SA-Leuten Behring, die »nur durch Befehl« zu ihrer Tat veranlaßt worden seien und deshalb auf Milde Anspruch hätten. Auch »ihre Erziehung in der SA zum Kadaver-Gehorsam« wurde mildernd berücksichtigt. Und daß Heinrich Rosenblum nun schon seit neun Jahren tot war, kam den Totschlägern ebenfalls zugute. Schließlich hätten die alliierten Besatzungsbehörden den deutschen Richtern verboten, grausame und übermäßig hohe Strafen zu verhängen (womit allerdings die Nazipraxis der unmenschlich harten Bestrafung von Kleinkriminalität wie Schwarzschlachtung oder Diebstahl bei Verdunkelung gemeint war).

So sühnten die Bremer Richter die Erschießung des Juden Heinrich Rosenblum mit acht Jahren Zuchthausstrafe für Wilhelm Behring und sechs Jahren für seinen Bruder Ernst.

In der Bremer Bevölkerung entstand eine ungeheure Empörung über diese Richter, die – 1947! – den Judenmord wie ein Kavaliersdelikt behandelt hatten. Überall wurde darüber gesprochen, daß Landgerichtsdirektor Dr. Oster als Nazi seine Gesinnungsgenossen vor einer echten Strafe verschont habe. Der Betriebsrat der Siemens-Schuckert-Werke forderte in einem Brief an den Bremer Bürgermeister Wilhelm Kaisen die »Absetzung der schuldigen Richter«. Die Arbeiter der Borgward-Werke sprachen den Richtern die Befähigung ab, »in einem neuen demokratischen Deutschland Recht zu sprechen«. Die KPD, Stadtteil Buntentor, warnte: »Solche Urteile würden auch in Zukunft keinen Faschisten davon abhalten, bei gegebener Gelegenheit wieder zu denselben Methoden der Nazizeit zurückzukehren.«

In Bremerhaven unterzeichneten alle demokratischen Gruppen - SPD und KPD, FDP und CDU, VVN und DGB - einen warnenden Appell an die Politiker: »Die Rechtsprechung der deutschen Justiz in der Vergangenheit bei der Aburteilung der Feme-Mörder, der Mörder von Erzberger, Rathenau, Liebknecht, Rosa Luxemburg und vielen anderen hat das Aufkommen des für das deutsche Volk so unheilvollen Nazi-Regimes begünstigt. Können wir uns eine Wiederholung leisten? Das Urteil ist ein Beweis dafür, daß nicht alle im Justizapparat tätigen Kräfte geeignet sind, ihre Aufgabe zu erfüllen. Von den drei Berufsrichtern, die beim Urteil mitwirkten, gehörte der Vorsitzende seit 1937 der NSDAP an. Das bedeutet, daß ehemalige Nationalsozialisten über ihre früheren Parteigenossen in politischen Prozessen zu Gericht sitzen. Ist das die neue deutsche Justiz?«

Sechs Tage nach dem Skandalurteil, am zweiten Jahrestag der Befreiung, am 8. Mai 1947, nahm die Bremer Bürgerschaft einstimmig einen Dringlichkeitsantrag der SPD-Fraktion an: »Veranlaßt durch das unverständliche Urteil eines bremischen Gerichts in Sachen unseres jüdischen Mitbürgers Rosenblum ersucht die Bürgerschaft den Senat, sofort in eine Prüfung und Umgestaltung des gesamten Justizwesens einzutreten, damit die Rechtsprechung sich im Sinne der neu entstehenden Republik bewegt und die allgemein anerkannten Menschenrechte zur Geltung kommen. Hierzu ist erforderlich, daß die Schöffen- und Schwurgerichte wieder eingeführt werden, da an diesen Laienrichter beteiligt sind.«

Einen Tag später dann der Generalstreik im ganzen Lande Bremen. Am Nachmittag viele tausend Menschen auf dem Domshof zu einer Protestkundgebung. Veranstaltet von den damals wichtigsten politischen Kräften: Kommunistische Partei Deutschlands, Sozialdemokratische Partei Deutschlands, Konzentrationslager-Beratungsstelle und Israelitische Gemeinde. Nie wieder in der Nachkriegsgeschichte Deutschlands sollten sich diese Kräfte zu einer antifaschistischen Aktion zusammenfinden. Auch auf dieser Kundgebung verlangten die Redner die »Umgestaltung des gesamten Justizwesens«.

Die Entwicklung ging in die entgegengesetzte Richtung. Jeder demokratische Ansatz ertrank in der Flut der alten Nazijuristen. Kein Richter wurde bestraft, mochte er noch so viele unschuldige Menschen getötet haben. Und die Bevölkerung verlor den Mut zur Demokratie. Mit der Resignation »Wir können ja doch nichts machen« wurde ein scheinbar neuer Staat geschaffen, der eine Fortführung des alten war.

Das Oberlandesgericht Bremen hob das Urteil gegen die Brüder Behring auf und wies es zu einer neuen Verhandlung an das Landgericht zurück.

Inzwischen waren Schwurgerichte eingeführt worden. Neben den drei Berufsrichtern Heins, Mehne und Wiesenberg saßen in der Schwurgerichtskammer sechs Laienrichter, Geschworene. Fünf Männer und eine Frau. Sie verurteilten am 16. September 1948 die beiden Judenmörder zu schwereren Strafen: Wilhelm Behring bekam zwölf Jahre Zuchthaus und sein Bruder Ernst acht Jahre. Aber Mord wurde ihre Tat wiederum nicht genannt, nur Totschlag. In dieser Verhandlung wurde die Neufassung des Mordparagraphen 211 angewendet: »Mörder ist, wer aus Mordlust, zur Befriedigung des Geschlechtstriebes, aus Habgier oder sonst niedrigen Beweggründen, heimtückisch oder grausam oder mit gemeingefährlichen Mitteln oder um eine andere Straftat zu ermöglichen oder zu verdecken einen Menschen tötet.«

Es stand außer Zweifel, daß die SA-Leute den Juden Heinrich Rosenblum weder aus Mordlust, noch zur Befriedigung des Geschlechtstriebes und auch nicht aus Habgier getötet hatten. Aber hatten sie ihre Tat nicht aus niedrigen Beweggründen begangen, nämlich aus Rassenhaß? Hatten sie ihn nicht heimtückisch ermordet, indem sie ihm gesagt hatten: »Sie sind verhaftet. Machen Sie sich fertig«? Er mußte doch in diesem Augenblick annehmen, er werde nur abgeholt, und im selben Moment erschossen sie ihn. Und war es nicht Heimtücke, ihn von hinten zu erschießen, also seine Arg- und Wehrlosigkeit auszunutzen? Hatten sie nicht grausam gehandelt, indem sie einen Mann aus dem Schlaf holten und ihn dann auf seinem Hausflur in den Kopf schossen?

Nein, sagte das Schwurgericht. Die SA-Leute haben nicht aus niedrigen Beweggründen gehandelt. Ihre Tat war nicht heimtückisch. Und ihre Tat war nicht grausam. Um das zu begründen, stehen in der Urteilsbegründung Entlastungen, die zu Standard-Waschmitteln der Mörderwaschmaschine wurden:

1. Die SA-Leute haben den Juden »nicht aus Rassenhaß« getötet. »Der Beweggrund ihres Handelns war der Befehl.« Sie hatten also keine »niedrigen Beweggründe«. Dem widerspricht allerdings eine Formulierung weiter hinten im Urteil: Strafverschärfend wird gewertet, daß die Brüder Behring einen »völlig schuldlosen, ihnen gänzlich unbekannten Menschen nur um seiner Zugehörigkeit zum Judentum willen getötet haben«. Und hatte nicht auch das »Oberste Parteigericht« den Judenmör-

dern Behring bescheinigt, sie hätten aus »Haßgefühlen auf die Juden« gehandelt?

2. Wilhelm Behring habe den Juden, der sich abgewendet hatte, auch nicht »heimtückisch« getötet. Er habe ihn nur deshalb von hinten erschossen, weil er »den Befehl unmerklich für das Opfer« ausführen wollte. Deshalb habe er, als Heinrich Rosenblum seinen Ausweis wieder in die Tasche stecken wollte und sich dabei von dem SA-Mann abwandte, »diesen sich unerwartet bietenden Augenblick zur Anbringung des Schusses« ausgenutzt.

3. Die Tat sei auch nicht »grausam« gewesen. Denn: »Die Tötung des Rosenblum ist durch den Angeklagten Wilhelm Behring mit einer Waffe durchgeführt worden, die an sich geeignet war, den schnellen Tod herbeizuführen. Der Tod des Rosenblum ist auch sofort eingetreten.« Der SA-Mann habe nicht die Absicht gehabt, »dem Händler Rosenblum Qualen bereiten« zu wollen und »den Tod durch diesen Schuß erst allmählich herbeizuführen.« Der Täter habe nicht mit einer »gefühllosen, unbarmherzigen Gesinnung« gehandelt. »Ein grausames Handeln war deshalb nicht festzustellen.«

Damit hatten die Richter die beiden Täter vor der Anwendung des Mordparagraphen gerettet. Nun waren sie nur noch Totschläger. Auch der Totschläger kann in einem besonders schweren Fall zu lebenslanger Haft verurteilt werden. Aber die Richter stellten eine lange Liste strafmildernder Gründe zusammen. Die Brüder seien »stets hilfsbereit, freundlich und zuvorkommend« gewesen. Unter den SA-Leuten hätten sie »nicht zu den üblen Elementen« gehört. Nur der »ihnen in der SA beigebrachte blinde Glaube« habe sie »dazu gebracht, die Stimme des Gewissens in jener Nacht auszuschalten und den ihnen erteilten Befehl schließlich – wenn auch nach Überwindung innerer Widerstände – auszuführen.«

Der Judenmord wurde zur Kleinkriminalität. Noch eins fällt in diesem Urteil auf: Heinrich Rosenblum ist ermordet worden, weil er Jude war. Aber die Bremer Richter sprechen in ihrer Urteilsbegründung nicht von dem Juden Rosenblum, sondern nur von »dem Rosenblum« oder »dem Händler Rosenblum«.

Seit dem ersten Urteil waren sechzehn Monate vergangen. Aber nun blieb die Öffentlichkeit stumm. In diesen sechzehn Monaten war dem aufrührerischen Volk das Rückgrat gebrochen worden. Die herrschenden Politiker hatten den Kalten Krieg begonnen. 1948 war der offizielle Staatsfeind nicht mehr der Faschist, sondern wieder der Kommunist, wie im alten Staat. Die Masse der Nazirichter kehrte gerade auf ihre Richterstühle zurück und festigte die alte Macht.

Sie scheuten sich auch nicht mehr, dem Volk zu drohen. Der Bremer Landgerichtspräsident Lahusen warnte: »Der Ausgang dieses Prozesses dürfte erneut beweisen, daß es zumindest untunlich ist, eine Kritik - und noch dazu eine so maßlose und öffentliche - an einem Urteil vorzunehmen, solange das Verfahren noch nicht rechtskräftig abgeschlossen ist.« Und er verlangte von der Staatsgewalt, »zu prüfen, ob und inwieweit durch geeignete Maßnahmen eine Wiederholung solch unerwünschter Kritik vermieden wird, die nur geeignet ist, der ordentlichen Rechtspflege und damit dem Aufbau des geordneten Staates wesentlich Schaden zuzufügen«.

Das brauchte die Staatsmacht gar nicht mehr zu prüfen. Das wurde sofort in die Praxis umgesetzt. Den Kommunisten wurde die Entschädigung für ihre Jahre in den Konzentrationslagern abgesprochen. Schon kamen sie wieder in die Gefängnisse. Am 11. Mai 1952 schoß die Polizei in Essen auf eine »Friedenskarawane«, die gegen die Wiederaufrüstung protestierte. Der Sozialdemokrat Bernhard Schwarze und der Gewerkschafter Bretthauer wurden schwer verletzt, der junge Kommunist Philipp

Müller wurde erschossen. Die beiden Verletzten und neun andere Demonstranten wurden am 20. Oktober 1952 von der 1. Großen Strafkammer Essen zu Gefängnisstrafen verurteilt. War das »die neue deutsche Justiz«?

Diese Frage beantwortete, fast vier Jahrzehnte später, der Bremer Justizsenator Volker Kröning: »Wir sind von Professoren des Rechts ausgebildet worden, die in weit überwiegender Zahl in den Jahren des Dritten Reiches durch ihr scheinbar wissenschaftliches Forschen und Lehren dem Nationalsozialismus dienstbar gewesen waren. Die meisten von ihnen verschwiegen die Ereignisse der zwölf Jahre von 1933 bis 1945 ebenso wie die Ereignisse in der Zeit nach dem Krieg ... Nicht wenige bemühten sich darzulegen, daß es nicht Hauptaufgabe der im Neuaufbau befindlichen Justiz sei, in der »Vergangenheit zu wühlen«, also nationalsozialistische Verbrechen aufzuklären ... Das Urteil gegen die Brüder Behring, 1947 vor dem Landgericht Bremen gefällt, steht in der Reihe vergleichbarer Urteile aus der ersten Nachkriegszeit keineswegs allein ... Mit Blick auf die Verfolgung der nationalsozialistischen Gewaltverbrechen ist der Justiz der Bundesrepublik der Neuanfang auf lange Jahre nicht - wenn überhaupt - gelungen ... Wer vor dem Unrecht nur einen Schritt zurückweicht, der hat den ganzen Kampf ums Recht verloren.«[13]

3. FALL

Ein Kindermörder bekommt Entschädigung

Am 20. April 1945 wurden in Hamburg zwanzig jüdische Kinder erhängt. Sie waren zwischen fünf und zwölf Jahren alt. Vorher hatten SS-Ärzte sie zu Tuberkulose-Experimenten verwendet. Sie hatten ihnen Tbc-Bakterien eingespritzt und ihre Lymphdrüsen herausoperiert.

Der Mord geschah im Keller der Hamburger Volksschule am Bullenhuser Damm. Mit den Kindern ermordete das SS-Kommando 48 Erwachsene, Häftlinge des Konzentrationslagers Neuengamme. 24 von ihnen waren sowjetische Kriegsgefangene. Die Täter wurden sehr schnell ermittelt und von einem britischen Militärgericht verurteilt. Am 8. Oktober 1946 wurden sie im Zuchthaus Hameln gehenkt.

Drei hatte man damals nicht gefaßt: Die beiden Ärzte Dr. Hans Klein und Dr. Kurt Heißmeyer, die in der Heilstätte Hohenlychen des Deutschen Roten Kreuzes die Versuche ausgearbeitet hatten. Und den SS-Obersturmführer Arnold Strippel, der das Mordkommando am Bullenhuser Damm geleitet hatte.

Gegen Dr. Klein wurde nie ermittelt. Er begann nach dem Kriege als Pathologe an der Universität Heidelberg. Wurde Professor, übernahm den Lehrstuhl für Pathologie. Bildete 10 000 Studenten aus. Wurde pensioniert. Lebte als geachteter Emeritus in Neckarsteinach und starb 1985.

Der SS-Arzt Dr. Kurt Heißmeyer schien verschwunden. Neunzehn Jahre nach dem Ende des Krieges entdeckte man ihn in Magdeburg. Dort hatte er eine gut gehende Praxis als Lungenfacharzt. Am 13. Dezember

Dr. Kurt Heißmeyer – ließ in Hamburg zwanzig Kinder ermorden.

Dr. Hans Klein – arbeitete das Programm für Tuberkulose-Experimente an Kindern aus.

1964 wurde er festgenommen. Nach anderthalb Jahren Untersuchungshaft wurde er am 21. Juni 1966 vor dem Bezirksgericht Magdeburg wegen Verbrechen gegen die Menschlichkeit angeklagt.

Am 30. Juni verurteilten ihn die Richter zu lebenslangem Zuchthaus: »Bei den Eingriffen an den Kindern hat der Angeklagte keinerlei menschliche Regungen empfunden, da er nach seinen eigenen Einlassungen aufgrund seiner faschistischen Einstellung keinen Unterschied zwischen seinen Versuchstieren und einem jüdischen Kind sah.«[14]

Er hatte noch ein Jahr zu leben. Am 27. August 1967 starb Dr. Kurt Heißmeyer an einem Herzinfarkt.

Der dritte Täter, Arnold Strippel, wurde wegen des Kindermordes nie bestraft. 40 Jahre hatte die Staatsanwaltschaft Hamburg Zeit, den Kindermord zu sühnen und den Kindermörder anzuklagen. Durch die Verhandlung vor dem britischen Militärgericht im Hamburger Curiohaus war dieser Fall in allen Einzelheiten bekannt. Die Aussagen der Täter waren vorhanden, die richterlichen Vernehmungen, das umfangreiche Wortprotokoll.[15] Aber für die Hamburger Staatsanwaltschaft existierte der Fall nicht. Erst auf die Anzeige des ehemaligen KZ-Gefangenen Rudolf Gottschalk wurde im Januar 1964 ein Ermittlungsverfahren gegen ihn eröffnet. Der Hamburger Oberstaatsanwalt Dr. Helmut Münzberg stellte es am 30. Juni 1967 wieder ein.

Er behauptete, daß »Aussagen noch lebender Personen ... nicht zur Verfügung stehen«. Zu diesem Zeitpunkt waren noch am Leben: Der Fahrer des Transportwagens, der die Opfer vom KZ Neuengamme zum Tatort gebracht und sie dort bewacht hatte, Petersen. Der Fahrer des Obersturmführers Strippel, Felger. Die beiden SS-Ärzte Heißmeyer und Klein. Der Hausmeister der Schule, Wede. Aber der Staatsanwalt hatte sie nicht gesucht, nicht gefragt, nicht für wichtig gehalten.

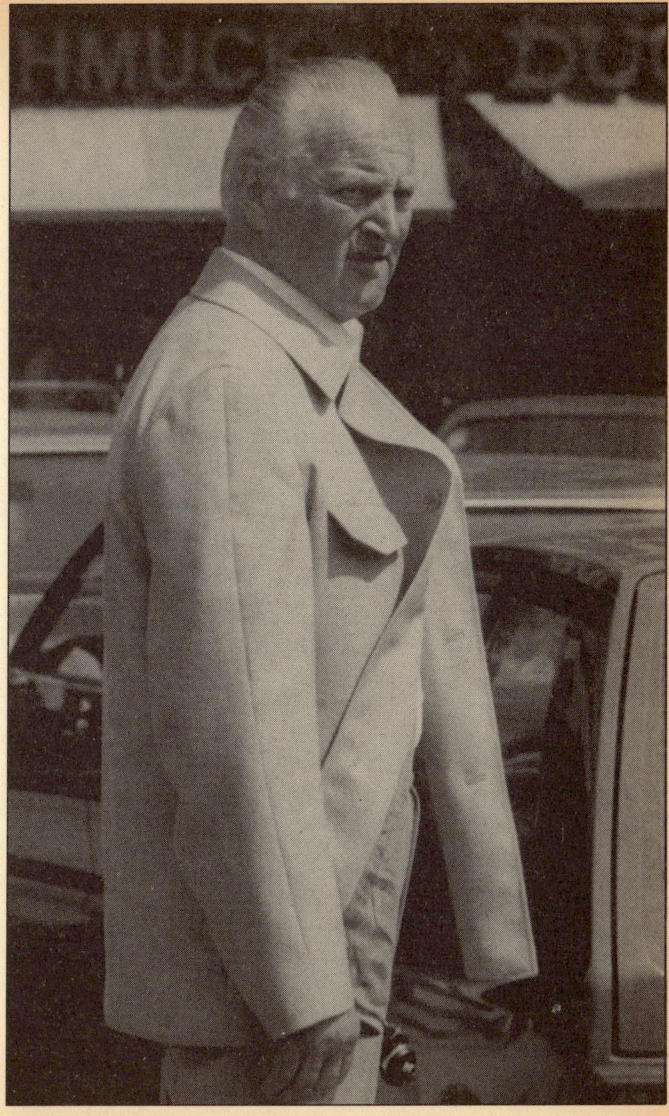

Arnold Strippel – nie bestraft für 48fachen Mord.

Er war der Meinung, der Fall Strippel sei von den Engländern falsch behandelt worden: »Das Hauptbeweismittel, nämlich die von den Briten angefertigten Protokolle« könne »nur mit außerordentlicher Vorsicht gewertet werden. Diese Protokolle bestehen nämlich, jedenfalls was die Vorgänge im Keller der Schule anlangt, ausschließlich aus den Aussagen der inzwischen hingerichteten, an der Tat beteiligten SS-Angehörigen, die sich, wie noch näher darzulegen sein wird, alle nach Kräften bemüht haben, den Sachverhalt in einem für sie möglichst günstigen Lichte darzustellen und den eigenen Tatbeitrag so klein wie möglich zu halten. Hinzu kommt, daß der Beschuldigte Strippel im Curiohaus-Prozeß nicht auf der Anklagebank gesessen hat, weil die Briten seiner nicht hatten habhaft werden können. Den seinerzeit angeklagten SS-Angehörigen bot sich auf diese Art und Weise eine willkommene Gelegenheit, die Verantwortung für die Tötungsaktion weitgehend auf Strippel abzuwälzen, ohne daß sich dieser als Abwesender hiergegen wehren konnte. Von dieser Gelegenheit, Strippel zu Unrecht zu belasten, haben, wie noch dargelegt werden wird, mehrere der damals Angeklagten ausgiebig Gebrauch gemacht.«[16]

Das ist falsch. Die SS-Leute hatten ihre Aussagen zu einer Zeit gemacht, als sie noch gar nicht wissen konnten, wer in Haft war und wer nicht. Der Oberstaatsanwalt Münzberg kann die britischen Akten noch nicht einmal gründlich gelesen haben (tatsächlich fanden sich später noch große Mengen weiteres Prozeßmaterial). Sonst hätte er feststellen müssen, daß diese Protokolle 1967 sogar ohne weitere Ermittlungen zur Mordanklage gegen Strippel ausreichten, so wie sie sechzehn Jahre später, im Dezember 1983, tatsächlich zur Anklage benutzt wurden.

Der Staatsanwalt stellte statt dessen Überlegungen an, ob die Mordaktion auch ohne Strippel erklärbar sei: »Es erscheint bei dieser Sachlage (vor allem im Interesse einer möglichst übersichtlichen Wiedergabe des Sachverhalts) angebracht, die Person des Beschuldigten Strippel aus der nachstehenden Darstellung des Geschehensablaufs zunächst auszuklammern, die gegen ihn im Zusammenhang mit der Tötungsaktion Bullenhuser Damm erhobenen Beschuldigungen gesondert darzustellen und im Anschluß daran zu untersuchen, ob sich der Nachweis für die Richtigkeit dieser Beschuldigungen führen läßt.«

Dieser Versuch, aus der gemeinschaftlichen Tat einer Bande einen einzelnen Täter auszugliedern, verfälscht den Tatablauf derart, daß der Staatsanwalt tatsächlich zu dem gewünschten Ergebnis kommt, Strippel habe am Mord nicht teilgenommen: »Der Beschuldigte hat im Curiohaus-Prozeß nicht auf der Anklagebank gesessen, und dieser Umstand ist insbesondere von den vier erwähnten Belastungs›zeugen‹ weidlich zu seinem Nachteil ausgenutzt worden. Da es für diese ›Zeugen‹ damals um Kopf und Kragen ging, ist es nur verständlich, daß sie dem abwesenden Beschuldigten die Verantwortung für die Tötungsaktion weitgehend in die Schuhe geschoben haben. Im Verlaufe des vorliegenden Verfahrens hat sich demzufolge wiederholt der Nachweis führen lassen, daß damals auf Kosten des Beschuldigten gelogen worden ist. Zu einem erheblichen, wenn nicht sogar überwiegenden, Teil sind die Angaben der damaligen Angeklagten, soweit sie die Tötungsaktion Bullenhuser Damm und die angebliche Beteiligtung des Beschuldigten hieran betreffen, widerlegt oder zumindest derart unglaubwürdig, daß eine Anklage nicht auf sie gestützt werden kann. Dies gilt insbesondere für die Aussage des ehemaligen SS-Standortarztes Dr. Trzebinski, der den Beschuldigten am stärksten belastet hat ... Ein Antrag auf Eröffnung der gerichtlichen Voruntersuchung erübrigt sich bei dieser Sachlage ... Ist aber auch der Untersuchungsrichter nicht imstande, die bisher vorliegenden tatsächlichen Anhaltspunkte zu einem für die Erhebung der Anklage hinreichenden Tatverdacht zu verstärken, so würde seine Inanspruchnahme eine unnötige Hinauszögerung ... bedeuten.«

Die sechzehn Jahre später erhobene Anklage gegen Strippel ging davon aus, daß die Mitbeteiligten die Wahrheit über Strippels Tatbeitrag gesagt hatten. Er hätte also schon 1967 angeklagt werden müssen. Die »unnötige Hinauszögerung« ist durch den Oberstaatsanwalt Dr. Helmut Münzberg verursacht worden. Die Justizbehörde Hamburg hat diese Fehlleistung ihres Oberstaatsanwalts nicht untersucht. Sie lief objektiv auf eine Strafvereitelung hinaus. Dr. Helmut Münzberg wurde in der Zeit, in der die Öffentlichkeit den Fall Strippel und die Versäumnisse der Staatsanwaltschaft diskutierte, zum Leitenden Oberstaatsanwalt ernannt.

Aber er hatte damals nicht nur die Frage der Tatbeteiligung Strippels falsch beantwortet, sondern war auch in der »Rechtlichen Würdigung« der Tat zu erstaunlichen Ergebnissen gekommen:

»Bei den Erhängten hat es sich schließlich um zum Teil sehr kleine unschuldige Kinder gehandelt, die mitten in der Nacht in einem finsteren Keller von Männern, denen jedes Gefühl der Barmherzigkeit abging, auf viehische Weise umgebracht wurden. Infolge des zu geringen Eigengewichts der Kinder zog sich die Schlinge nicht zu, und die Henker mußten sich mit ihrem ganzen Gewicht an die – nackten – Körper der Kinder hängen, um ihren Tod herbeizuführen. Diese Szene ist derart grausam, daß sie jeden normal empfindenden Menschen mit äußerstem Abscheu erfüllen muß. Die Erhängung der Kinder kann daher nach Wortsinn und Sprachgebrauch des Begriffes, folgt man der oben wiedergegebenen Auffassung, nur als grausam bezeichnet werden. Stellt man sich hingegen auf den Standpunkt der herrschenden Lehre, die das Tatbestandsmerkmal der Grausamkeit nur dann als erfüllt ansieht, wenn der Täter aus gefühlloser, unbarmherziger Gesinnung heraus seinem Opfer *beson-*

dere Schmerzen oder Qualen zufügt, dann wird man die Frage, ob die Kinder grausam getötet worden sind, zu verneinen haben. Die Ermittlungen haben nicht mit der erforderlichen Sicherheit ergeben, daß sich die Kinder über Gebühr lange quälen mußten, bevor sie starben. Im Gegenteil spricht manches dafür, daß sämtliche Kinder gleich nach Empfang der ersten Spritze das Bewußtsein verloren und aus diesem Grunde alles weitere, was mit ihnen geschah, nicht wahrgenommen haben. Ihnen ist also über die Vernichtung ihres Lebens hinaus kein weiteres Übel zugefügt worden, sie hatten insbesondere nicht besonders lange seelisch oder körperlich zu leiden ... Die Erhängung der Kinder erfüllt nach alledem, unter so grausigen Bedingungen auch immer sie geschah, nicht das Tatbestandsmerkmal der Grausamkeit.«

Tatsächlich war es falsch, daß sämtliche Kinder »gleich nach Empfang der ersten Spritze das Bewußtsein verloren und aus diesem Grunde alles weitere, was mit ihnen geschah, nicht wahrgenommen« hatten. Aus den - auch Münzberg zugänglichen - Prozeßakten ging hervor, daß manche Kinder noch eine zweite Morphiumspritze bekamen und daß selbst danach noch einige wach waren. Ihnen hat der Mörder Frahm, als er den ersten Jungen abholte und in die Schlinge hängte, gesagt: »Er wird jetzt ins Bett gebracht.« Zumindest diese Kinder haben den Beginn der Erhängungen wahrgenommen. Die Täter handelten also grausam.

Auch die Erwachsenen, so die Einstellungsverfügung, seien nicht grausam getötet worden. Denn die »angewendete Erhängungsmethode, ihnen die Beine vom Boden wegzuziehen, hat ihnen, so ungewöhnlich sie ist, keine über die Vernichtung des Lebens hinausgehenden Qualen bereitet und ist auch aus sonstigen Gesichtspunkten heraus nicht unmenschlich ...« Tatsächlich haben die Opfer, als ihnen die Beine unter dem Körper weggezogen wurden und während sie mit dem Kopf in der Schlinge standen, die Erhängung ihrer Kameraden und die Vorbereitung zu ihrer eigenen Erhängung wahrgenommen. Auch in dieser Hinsicht handelten die Täter grausam.

»Insbesondere haben die Ermittlungen nicht ergeben, daß bei der ... Hinrichtungsmethode der Tod langsamer eingetreten ist als bei dem später angewandten Verfahren, die Opfer auf Kisten zu stellen und die Kisten dann wegzustoßen. Auch der Umstand, daß die Opfer sich vor ihrer Exekution haben ausziehen müssen, reicht weder für sich allein, noch in Verbindung mit der Methode des Beinewegziehens zur Bejahung des Merkmals der ›Grausamkeit‹ aus.«

Besonders auffallend ist die »Rechtliche Würdigung« der Ermordung der sowjetischen Gefangenen: »Was zunächst die Ausführungsweise der Tötung betrifft, so steht fest, daß die Russen weder heimtückisch noch grausam getötet worden sind. Schon die Behandlung der Russen durch die SS während ihrer Haftzeit muß sie auf das Äußerste argwöhnisch und mißtrauisch gemacht haben ... alle diese Häftlinge mußten stündlich damit rechnen, von der SS liquidiert zu werden. Nun wurden sie mitten in der Nacht auf einem Lkw zu einem einsam gelegenen Gebäude gefahren, jeweils zu viert von dem Lkw heruntergeholt und in den Keller dieses Gebäudes geführt. Keiner der in den Keller Gebrachten kehrte zurück. Alle diese Menschen können, als sie in den Tod gingen, unmöglich arglos gewesen sein ... Die Russen sind also nicht grausam getötet worden ...«

Die Frage wäre gewesen, ob auch nur ein einziger von ihnen arglos war. Die vier ersten zumindest konnten noch nicht wissen, daß keiner zurückkam. Sie also müssen zu dieser Zeit arglos gewesen sein. Zumindest ihnen gegenüber hatten Strippel und seine Henkersgehilfen heimtückisch gehandelt. Aber Staatsanwalt Münzberg ist in der Legitimierung der Tat noch weiter gegangen: »Es ist nicht einmal sicher, ob bezüglich der Russen Tötungsbefehle aus Berlin vorgelegen haben. Pauly, Trzebinski und Jauch haben dies behauptet, und da sich das Gegenteil nicht mehr beweisen läßt, mußt im Folgenden von der Existenz derartiger Befehle ausgegangen werden ... Hatten die Russen jedoch, was eben so denkbar ist, irgend ein Verbrechen begangen, für das seinerzeit auch jeder Nichtrusse mit dem Tode bestraft worden wäre, und lagen den Exekutionsbefehlen ... rechtmäßige Todesurteile zugrunde, dann erfüllte die Tötung der Russen lediglich den äußeren Tatbestand des Paragraphen 212 StGB. Da sich nicht mehr feststellen läßt, welches das Motiv für die Tötung der Russen gewesen ist, muß im Folgenden von der für den Beschuldigten günstigsten Möglichkeit ausgegangen werden, nämlich davon, daß es sich bei den Russen um rechtmäßig zum Tode Verurteilte gehandelt hat.

Dies hat zur Folge, daß der Beschuldigte wegen der ihm zur Last gelegten Beteiligung an der Tötung der Russen strafrechtlich nicht zur Verantwortung gezogen werden kann. Sind die Russen in Vollstreckung rechtmäßig gegen sie ergangener Todesurteile getötet worden, dann haben die an der Vollstreckung dieser Urteile Beteiligten nicht rechtswidrig gehandelt. Abgesehen davon verjährt die Verfolgung eines Totschlags in fünfzehn Jahren ... Die Strafverfolgung würde somit ... seit dem 8. Mai 1960 ohnehin verjährt sein.«

Der Staatsanwalt hätte wissen müssen, daß die Tötung sowjetischer Kriegsgefangener im Konzentrationslager Neuengamme in keinem Falle aufgrund »rechtmäßiger Todesurteile« geschehen ist. Wie konnte er außerdem annehmen, daß eine Massenerhängung spätnachts im Keller einer abgelegenen Schule »rechtmäßig« gewesen sei? Hat dabei eine Rolle gespielt, daß es sich bei den Ermordeten um Russen gehandelt hat? Bei der gleichzeitigen Erhängung der anderen Erwachsenen – zwei Professoren aus Frankreich und zwei Krankenpfleger aus Holland – ist der Oberstaatsanwalt Münzberg nicht zu einer solchen Wertung gekommen.

Seine Einstellungsverfügung hat er nicht allein unterschrieben. Sie wurde abgezeichnet von allen Vorgesetzten. Sie lag auch im Trend der Zeit.

Der weitere Verlauf dieses Nicht-Ermittlungsverfahrens ist ebenso traurig. Zwölf Jahre lang geschah nichts in dieser Sache. Wohl aber in einer anderen.

Der SS-Mann Strippel war in allen großen Konzentrationslagern tätig gewesen. Er hatte eine Blutspur durch Europa hinterlassen. Wegen der Ermordung von 21 Juden im KZ Buchenwald hatte ihn schon kurz nach dem Ende des Krieges ein Frankfurter Gericht zu 21mal lebenslanger Haft verurteilt.[17]

Strippel gelang in der Zeit des Kalten Krieges die Haftentlassung und die Wiederaufnahme des Verfahrens. Die Richter waren nun milde gegenüber Nazimördern. Sie zogen seine Strafe auf sechs Jahre zusammen. Für die Zeit, die er länger im Zuchthaus gewesen war, sprachen sie ihm eine Entschädigung zu. Er bekam 121 500 Mark.

1979 erschien, zunächst im »Stern«, dann als Buch der Bericht »Der SS-Arzt und die Kinder vom Bullenhuser Damm«[18]. Eine Empörung ging durch Hamburg. Die Staatsanwaltschaft nahm das Ermittlungsverfahren gegen Strippel wieder auf. Doch der nun zuständige Oberstaatsanwalt Harald Duhn zog das Verfahren vier Jahre lang hin. Im Dezember 1983 ordnete schließlich, unter dem Druck der öffentlichen Meinung, die damalige Justizsenatorin Leithäuser die Erhebung der Anklage an.

Doch das Landgericht Hamburg ging ebenso gemächlich vor wie die Staatsanwaltschaft. Noch 1987 befaßte es sich monatelang mit der Frage, ob die Verbrechen des SS-Führers Arnold Strippel überhaupt unter die Jurisdiktion der bundesdeutschen Justiz fielen. Die Richter hatten festgestellt, daß kurz nach der Befreiung wegen dieser Sache eine alliierte Anklageschrift gegen Strippel

Jizhak Reichenbaum aus Haifa im »Rosengarten für die Kinder vom Bullenhuser Damm« in Hamburg. Hier wurde am 20. April 1945 sein kleiner Bruder Eduard ermordet.

angefertigt worden war. Aber, da der Mann untergetaucht war, wurde sein Fall nicht vor dem Kriegsgericht verhandelt. Doch schon eine Anklage wurde nach der Rechtsauffassung des Bundesgerichtshofes als »abschließende Behandlung« einer Sache angesehen, die später den bundesdeutschen Gerichten eine Beschäftigung mit der Sache verbiete. Schließlich fand man heraus, daß der englische Ankläger damals zwar eine Anklage *ge*schrieben hatte, aber nicht *unter*schrieben, so daß die Behandlung des Falles Strippel nicht »abschließend« gewesen war.

Abschließend war die Erledigung durch die drei Hamburger Richter unter dem Vorsitz von Günter Bertram. Sie holten Gutachten über den Gesundheitszustand von Strippel ein. Ohne ihn jemals selbst gesehen zu haben, befanden sie, er sei für immer verhandlungsunfähig.

Seitdem kann der ehemalige SS-Obersturmführer Arnold Strippel, unbelastet durch den Mord an zwanzig Kindern, morgens in aller Ruhe sein Enkelkind in den Kindergarten bringen.

4. FALL

Ein Religionslehrer, der Thälmann getötet hat

Der Fall ist bekannt. Dem Mordprozeß gegen den Religionslehrer Wolfgang Otto wegen Ermordung des Vorsitzenden der Kommunistischen Partei Deutschlands, Ernst Thälmann, gingen sieben eingestellte Ermittlungsverfahren voraus. Siebenmal versuchte die Staatsanwaltschaft, den Mordfall Thälmann nicht zu einer öffentlichen Hauptverhandlung werden zu lassen. Dann stellte der Rechtsanwalt Heinrich Hannover einen Klageerzwingungsantrag. So brachte er den Fall nach zwanzig Jahren widerstrebender Justiz vor Gericht.

Wären Ernst Thälmanns Witwe Rosa und seine Tochter Irma im Konzentrationslager Ravensbrück gestorben – wie es geplant war –, dann wäre niemand dagewesen, der die Klage hätte durchsetzen können. So aber kam die Schande der Nichtverfolgung der Mörder Thälmanns an die Öffentlichkeit und in die Justizgeschichte.

Am 11. April 1962 erstattete Rosa Thälmann Strafanzeige wegen Mordes gegen die SS-Unterführer Otto, Berger und andere.

Erste Einstellung: Am 17. April 1964 stellte der Staatsanwalt Dr. Korsch von der Zentralstelle im Lande Nordrhein-Westfalen das erste Ermittlungsverfahren ein. Auf Blatt 3 steht im wesentlichen: »Die ... Beschuldigten, soweit sie ermittelt werden konnten, stellen eine Teilnahme an der Ermordung Ernst Thälmanns in Abrede. Diese Einlassung ist nicht zu widerlegen ... Auch durch die Vernehmung zahlreicher weiterer Zeugen, die zum

Teil nicht miteinander zu vereinbarende Aussagen machten, war kein Licht in die Sache zu bringen.« Inzwischen war Rosa Thälmann gestorben. Ihre Tochter Irma Gabel-Thälmann erhob Beschwerde.

Zweite Einstellung: Am 29. März 1972 sah Dr. Korsch immer noch kein Licht in der Sache: »Die weiteren Ermittlungen haben ergeben, daß Hitler nach Besprechung mit Himmler die Ermordung Ernst Thälmanns angeordnet hat ... Der vom RSHA (Reichssicherheits-Hauptamt) weiterführende Befehlsweg konnte nicht geklärt werden ... Ob die Beschuldigten, von denen der SS-Oberscharführer Berger inzwischen verstorben ist, vor der Erschießung Thälmanns durch die Lagerleitung informiert und zur Absperrung auf dem Wege zum Krematorium beigezogen worden sind, war auch durch die weiteren Erhebungen nicht zu klären ... Ernst Thälmann dürfte nach den vorliegenden Erkenntnissen von einem Beamten des Begleitkommandos erschossen worden sein ... Das Verfahren war daher – außer gegen den Beschuldigten Berger – wiederum mangels hinreichenden Tatverdachts einzustellen. Bei dem Beschuldigten Berger, der am 10. Juni 1964 verstorben ist, hat sich das Verfahren durch den Tod erledigt.« – Erneute Beschwerde durch Rechtsanwalt Kaul.

Dritte Einstellung des Verfahrens durch Dr. Korsch am 14. November 1974: »Die aufgrund Ihrer Beschwerde wiederaufgenommenen Ermittlungen sind abgeschlossen. Sie haben nicht zur Ermittlung der Personen geführt, die Thälmann in das Konzentrationslager Buchenwald überführt und dort die tödlichen Schüsse auf ihn abgegeben haben ... Ferner konnte nicht geklärt werden, wer von den noch lebenden SS-Angehörigen des Kommandanturstabes des KL Buchenwald an der Ermordung Thälmanns mitgewirkt hat. Die Ausführungen, die in Ihrem Schrei-

Ernst Thälmann – von den Nazis heimlich in seiner Zelle fotografiert. Er erfreue sich eines ausgezeichneten Wohlbefindens, schrieb die »Berliner Illustrirte« zu diesem Bild.

Ernst Thälmann, von seiner Tochter Irma in der Zelle im Gefängnis von Hannover aufgenommen.

ben vom 18. Juli 1973 hierzu gemacht worden sind, haben mir keine Veranlassung gegeben, von dem Ergebnis der in meinen Bescheiden vom 17. April 1964 und 10. April 1972 vertretenen Auffassung abzugehen...«

»Der ehemalige Ermittlungsrichter der SS, Dr. Morgen, der heute als Rechtsanwalt und Notar in Frankfurt tätig ist, hat seine bereits in einer schriftlichen Erklärung vom 5. Juni 1962 wiedergegebene Version der Ermordung Thälmanns in einer Vernehmung vom 18. Dezember 1973 als Zeuge bestätigt ... Der Sachdarstellung des Zeugen Dr. Morgen, der dem Tatgeschehen selbst nicht beigewohnt hat, stehen allerdings die Aussagen der angeblichen Tatzeugen Marian Zgoda, Heinrich Rohde und Josef Müller gegenüber, die damals sämtlich dem Krematoriumskommando als Häftlinge angehört haben ... Die Aussagen der Zeugen Zgoda, Rohde und Müller sind indes widerspruchsvoll ... Bei dieser Sachlage verliert die Aussage des Zeugen Zgoda an Glaubhaftigkeit ... Schließlich hat Zgoda selbst einander widersprechende Angaben gemacht und zwar nicht nur in bezug auf den Teilnehmerkreis, sondern zu dem für die Beweiswürdigung entscheidenden Aussagepunkt, dem Verlassen der Krematoriumsbaracke ... Bei dieser Sachlage reicht die Aussage des Zeugen Zgoda für sich allein nicht aus, die Beschuldigten Otto und Stobbe einer Mitwirkung an der Ermordung Thälmanns zu überführen ... Der Aussage des Zeugen Rohde, der im übrigen inzwischen verstorben ist und dessen frühere Aussagen nur noch im Wege des Urkundenbeweises verwendbar wären, kann schon deshalb kein entscheidender Beweiswert zuerkannt werden, weil er in seinen Aussagen wechselnde Angaben über die bei der Erschießung anwesenden Personen gemacht hat...«

Also: Der SS-Richter Morgen ist glaubwürdig, die KZ-Opfer sind es nicht.

»Schließlich kommt die Erhebung der öffentlichen Klage auch deswegen nicht in Betracht, weil hinsichtlich der noch lebenden und ermittelten Beschuldigten Stobbe und Otto Strafverfolgungsverjährung eingetreten ist. Beiden könnte – wenn überhaupt – nur der Vorwurf der Beihilfe zum Mord gemacht werden. Anhaltspunkte dafür, daß die Tötung Thälmanns grausam gewesen ist, liegen nicht vor. Aber auch Heimtücke ist nicht nachweisbar. Es wäre zugunsten der Beschuldigten von der Annahme auszugehen, daß Thälmann nicht arglos gewesen ist, als er nächtens in das Krematorium des KL Buchenwald gebracht worden war ... Den Beschuldigten dürfte nach allem, was über die Ermordung Thälmanns als festgestellt erachtet werden kann, nicht nachzuweisen sein, daß ihr Handeln selbst von niedrigen Beweggründen getragen war. Sie hätten offensichtlich nur einem Befehl Folge geleistet, der durch Führerbefehl legitimiert zu sein schien. Es könnte sicherlich nicht festgestellt werden, daß sie mehr getan haben, als ihnen befohlen worden war. Unter diesen Umständen müßte ihre Strafe nach der Vorschrift des Paragraphen 50 Abs. 2 StGB zwingend gemildert werden, so daß allenfalls eine zeitige Freiheitsstrafe verhängt werden dürfte. Dies würde nach der Auffassung des 5. Strafsenats des Bundesgerichtshofes (BGHSt 22, 375) Auswirkungen auf die Verjährungsfrist haben, die danach bereits abgelaufen wäre (Paragraph 67 Abs. 1 Ziff. 2 StGB).« – Wieder legt Rechtsanwalt Kaul Beschwerde ein.

Vierte Einstellung: Am 30. November 1976 verfügt Staatsanwalt Korsch: »Die ... wiederaufgenommenen Ermittlungen haben nicht zu einer weiteren Aufklärung des Tatgeschehens geführt. Das Verfahren ist daher aus den Gründen, die ich Ihnen mit meinem Bescheid vom 14. November 1974 mitgeteilt hatte, durch Verfügung vom heutigen Tage erneut eingestellt worden ... Der ... von Ihnen genannte ehemalige Angehörige des RSHA Hans Pieper konnte zwar ermittelt und zum Verfahrensgegenstand vernommen werden. Pieper konnte aber – unwiderlegbar – keine Angaben dazu machen, von wem die Ernst Thälmann betreffenden Akten im RSHA geführt und an welche Dienststelle diese Akten nach der Ermordung Ernst Thälmanns möglicherweise abgegeben worden sind.« – Erneute Beschwerde von Kaul.

Fünfte Einstellung: Am 19. März 1979, wieder Korsch: »Die Suche nach Angehörigen der Gefängnisverwaltung Bautzen, die als Zeugen in Frage hätten kommen können, ist erfolglos geblieben ... Da die angestellten Ermittlungen ergebnislos verlaufen sind und keine weiteren Beweismittel vorhanden sind, ... war das Verfahren erneut einzustellen.« – Kaul beschwert sich ein weiteres Mal.

Sechste Einstellung: Am 9. August 1979 verfügt Staatsanwalt Korsch: »Da die angestellten Ermittlungen ... Verfahren erneut einzustellen.«

Rechtsanwalt Kaul starb. Als sein Nachfolger führte der Bremer Rechtsanwalt Heinrich Hannover den Kampf gegen die Staatsanwaltschaft weiter.

Siebte Einstellung: Gegen diesen letzten abweisenden Bescheid des Generalstaatsanwalts in Köln blieb nur noch die Klage auf gerichtliche Entscheidung. Am 24. Juni 1983 beschloß das Oberlandesgericht Köln, dem Klageerzwingungsverfahren stattzugeben: »Nach dem derzeitigen Erkenntnisstand wird auch wahrscheinlich nachzuweisen sein, daß der Beschuldigte (Lehrer im Ruhestand Wolfgang Otto) zu der Tötung Ernst Thälmanns vorsätzlich Hilfe geleistet hat.«

Mit wenigen Worten kam das Oberlandesgericht zu einem Ergebnis, nach dem alle Maßnahmen der Staatsanwaltschaft im Fall Wolfgang Otto nicht rechtmäßig gewesen waren. Darauf erhob die Staatsanwaltschaft am 11. August 1983 befehlsgemäß und widerwillig Anklage beim Landgericht Kleve. Das lehnte die Eröffnung des Hauptverfahrens ab. Das OLG Düsseldorf hob den Beschluß auf und eröffnete die Hauptverhandlung nun vor dem Landgericht Krefeld. Die Staatsanwaltschaft beantragte Freispruch. Wolfgang Otto wurde am 15. Mai 1986 wegen Beihilfe zum Mord zu vier Jahren Gefängnis verurteilt. Der BGH hob am 25. März 1987 das Urteil auf. Vor dem Landgericht Düsseldorf beantragte die Staatsanwaltschaft wiederum Freispruch. Am 29. August 1988 sprach das Gericht den ehemaligen SS-Oberscharführer Wolfgang Otto frei. Rechtsanwalt Heinrich Hannover: »Dieses Urteil wird dem Ansehen der Bundesrepublik Deutschland schweren Schaden zufügen.«[19]

5. FALL

Der Bunkermord war nur eine Gedankenlosigkeit

In der Nacht vom 15. zum 16. Januar 1944 wurden im Konzentrationslager Vught bei s'Hertogenbosch in den Niederlanden 90 Frauen wegen »Meuterei« bestraft. Sie hatten einer Verräterin aus den eigenen Kreisen namens Jedzini die Haare abgeschnitten. Die Frauen wurden auf Befehl des Lagerkommandanten Adam Grünewald in zwei kleine Einzelzellen (2,25 Meter breit und vier Meter lang) ohne Lüftungsfenster gepreßt. Am nächsten Morgen waren zehn Frauen tot. Mehrere waren wahnsinnig geworden. Viele hatten Verbrennungen durch den Ätzkalk des frischverputzten Mauerwerks.

Selbst die niederländische SS war über diese Tat empört. Sie beschwerte sich bei den deutschen Totenkopf-Kameraden. Der Lagerkommandant Grünewald wurde am 6. März 1944 durch das »SS- und Polizeigericht in Den Haag« wegen Mißhandlung Untergebener in Tateinheit mit fahrlässiger Tötung von zehn Personen zu einer Gefängnisstrafe von drei Jahren und sechs Monaten verurteilt. Der Mitbeteiligte Hermann Wicklein, Adjutant des Grünewald, wurde vom Tötungsvorwurf freigesprochen. Weil er versucht hatte, den Vorfall zu vertuschen, erhielt er wegen Begünstigung sechs Monate Gefängnis. SS-Führer Himmler als »oberster Gerichtsherr« setzte die Strafe gegen Grünewald »zur Bewährung im Fronteinsatz« aus und hob das Urteil gegen Wicklein auf.

Sofort nach der Befreiung leiteten die niederländischen Strafverfolgungsbehörden umfangreiche Ermittlungen wegen des »Bunkermordes« ein, der unter diesem Namen zu einem bedeutenden Begriff in der Geschichte der Naziverbrechen in den Niederlanden wurde. Aber die Täter waren in Holland nicht mehr greifbar. Sie waren heimgekehrt ins Deutsche Reich. Daraufhin leitete die niederländische Staatsanwaltschaft ihre Ermittlungsakten über den Bunkermord an die Zentrale Stelle nach Ludwigsburg weiter. Was dann geschehen ist, kam viele Jahre später durch einen Zufall heraus.

Die holländische Widerstandskämpferin Non Verstegen aus Arnheim, die Anführerin der damaligen Meuterei, hatte die Hamburger Rechtsanwältin Barbara Hüsing als ihre Nebenkläger-Vertreterin beauftragt. Die stellte fest, daß die Akten aus Holland am 7. August 1967 bei der Staatsanwaltschaft Frankenthal gelandet waren. Eine zweite Aktensendung aus Holland mit 3 444 Blatt Belastungsmaterial war am 2. September 1968 in Frankenthal eingetroffen. Auf die Nachfrage, was daraus in den vergangenen elf bis zwölf Jahren geworden sei, erhielt sie

Non Verstegen, holländische Widerstandskämpferin, mit dem Autor dieses Buches 1979 in Arnheim.

die Antwort: »In den Akten befindet sich teilweise unübersetztes niederländisches Beweismaterial, dessen Inhalt nicht bekannt ist.«

Bei weiteren Recherchen kam eine kaum glaubliche Geschichte heraus. Ursprünglich hatte sich in Frankenthal ein Amtsgerichtsrat außer Diensten mit der Übersetzung von Strafakten aus dem Holländischen Geld verdient. Auch das Material »Bunkermord« gehörte dazu. Der Richter war gestorben, und von nun an wurde die Rechtspflege in Frankenthal, den Bunkermord betreffend, von der niederländischen Hausfrau Ineken Staedtler gegen Honorar wahrgenommen. Sie war die Frau eines Staatsanwalts. Ineken Staedtler hatte den Auftrag, die niederländischen Akten, fünf Bände insgesamt, auf relevante Beweise für Mord durchzusehen. Sie fand nur Hinweise auf Körperverletzung. Deshalb leitete der für diesen Komplex zuständige Staatsanwalt Willi Beißwenger kein Ermittlungsverfahren ein. Er ließ die Sache liegen. Elf Jahre lang. So erklärte sich die vorsichtige Antwort, der Inhalt der Akten sei teilweise nicht bekannt.

Die Rechtsanwältin Barbara Hüsing machte daraufhin am 4. Juli 1979 bei dem Justizminister von Rheinland-Pfalz, Otto Theisen, eine Strafanzeige gegen Beamte der Staatsanwaltschaft Frankenthal wegen Verdachts der »Strafvereitelung im Amt«. Der Minister stritt ihr gegenüber zunächst alles ab. Dann brachte die SPD diese Sache vor den Landtag, und auch dort erklärte Minister Theisen, alles sei nicht wahr.

Nicht immer haben Lügen kurze Beine. Diese hatten es. Minister Theisen mußte sich vor dem Landtag dafür entschuldigen, »daß die mir vorgelegten Berichte der mir nachgeordneten Behörden nicht in vollem Umfange zutreffen.«

Die ihm nachgeordnete Behörde mit den falschen Berichten war der Generalstaatsanwalt Heinrich Gauf in Zweibrücken. Der wurde von dem Minister im Landtag beschuldigt, ihm falsche Auskünfte gegeben zu haben, »die Zweifel an der Richtigkeit und Vollständigkeit der Berichte der Generalstaatsanwaltschaft entstehen« ließen. Der Minister entzog dem Generalstaatsanwalt Gauf die Aufklärung der Mordsache Vught und übertrug sie dem Generalstaatsanwalt in Koblenz, Gustav Adolf Ulrich. »Der Generalstaatsanwalt in Koblenz hat mir am 22. Oktober 1979 berichtet, aufgrund des Inhalts der ihm zur Verfügung gestellten Schriftstücke die Einleitung eines Ermittlungsverfahrens wegen Strafvereitelung im Amt gegen einen Staatsanwalt der Staatsanwaltschaft Frankenthal angeordnet zu haben. Er hat mir versichert, sich um das Verfahren auch persönlich zu kümmern. Ich habe weiter angeordnet, daß Maßnahmen des Dienstordnungsrechts vorbereitet werden. Den Präsidenten des pfälzischen Oberlandesgerichts habe ich gebeten, die Vorermittlungen für das Ministerium der Justiz zu führen. Weiter habe ich veranlaßt, daß der bisher zuständige Staatsanwalt in Frankenthal von seiner Aufgabe in diesem Verfahrenskomplex abgelöst und ein anderer Staatsanwalt beauftragt wird. Dazu bemerke ich, daß sich die Ermittlungen in dienstordnungsrechtlicher Hinsicht nicht nur auf das Verhalten der Staatsanwaltschaft Frankenthal, sondern auch auf das Verhalten der Generalstaatsanwaltschaft erstrecken. Mit diesen Maßnahmen entspreche ich der Strafverfolgungspolitik der Landesregierung. Die NS-Gewaltherrschaft und die mit ihr einhergehenden Verbrechen dürfen nur mit rechtsstaatlichen Mitteln und mit rechtsstaatlichen Maßnahmen bewältigt werden. Sie kann aber nur bewältigt werden, wenn die Mittel des Rechtsstaates insonderheit gegen nationalsozialistische Gewaltverbrecher unnachsichtig eingesetzt werden. Die in der Bundesrepublik Deutschland neu entstandene Demokratie verträgt keine Nachlässigkeit bei der Durchsetzung des verletzten Rechts. Wer wie ich mehr als zehn Jahre seines Berufslebens als Rechtsanwalt für die Vertretung verfolgter jüdischer Mitbürger bei der Durchsetzung ihrer Ansprüche gesorgt und dabei das unsägliche Leid der Verfolgten kennengelernt hat, der nimmt persönlich keine Nachlässigkeit hin. Er kann es aber auch nicht hinnehmen, aus welchen Gründen auch immer, in die Nähe von Leuten gebracht zu werden, die NS-Gewaltverbrechen weniger Bedeutung beimessen. Den von mir eingeleiteten Maßnahmen gilt daher meine besondere Aufmerksamkeit.«[20]

Das klang, als blase die Fanfare des Jüngsten Gerichts nun endlich zur Strafverfolgung von Nazimördern und zur Bestrafung der Strafvereiteler an der Mörderwaschmaschine.

Es sah so aus, als werde eine heimliche Komplizenschaft zwischen Nazimördern und Staatsanwälten aufgedeckt und als müsse Willi Beißwenger in Frankenthal damit rechnen, als erster bundesdeutscher Staatsanwalt wegen »Strafvereitelung im Amt« in Haft zu kommen. Dieses Delikt ist mit einer Gefängnisstrafe bis zu fünf Jahren bedroht. Mit ihm stand Heinrich Gauf in Gefahr, seinen Posten als Generalstaatsanwalt in Zweibrücken zu verlieren.

Aber noch in derselben Landtagssitzung gab der CDU-Abgeordnete Schönberg zwar zu, hier handele es sich um »eine Schlamperei schlimmsten Ausmaßes«. Doch er stellte den Staatsanwälten gleich einen Persilschein aus: »Es wird nicht bezweifelt, daß Staatsanwalt und Generalstaatsanwalt fähige und pflichtbewußte Beamte waren.«[21]

So ging die Sache auch aus: Otto Theisen trat von seinem Amt als Justizminister zurück. Heinrich Gauf residiert heute noch als Generalstaatsanwalt im Schloß von Zweibrücken. Willi Beißwenger amtiert nach wie vor als Staatsanwalt in Frankenthal. Das strafrechtliche Ermittlungsverfahren gegen ihn wurde vom Generalstaatsanwalt Ulrich nach zwei Monaten am 19. Dezember 1979 beendet: Zwar habe Staatsanwalt Beißwenger »die Ermittlungen nicht mit der gebotenen Sorgfalt und Umsicht, zudem sehr verzögerlich betrieben«. Aber: »Es haben sich nicht die geringsten Anhaltspunkte dafür ergeben, daß die unterbliebene Strafverfolgung möglicher NS-Verbrechen politisch motiviert gewesen sein könnte.«[22]

Also alles in Ordnung. Nur war da ja noch immer der Fall der zehn toten Frauen, ermordet im Konzentrationslager Vught. Dieses Verfahren wurde an die Staatsanwaltschaft Frankfurt abgegeben. Sachbearbeiter war der Staatsanwalt Peter Bötte. Der stellte neue Ermittlungen an, ließ das niederländische Material übersetzen, vernahm die Widerstandskämpferin Non Verstegen und die wenigen noch lebenden Zeugen. Dann stellte er das Verfahren ein.

In seiner Einstellungsverfügung wurde das Hineinpressen von 90 Frauen in zwei kleine Einzelzellen zu einem »Hineingehen«: »Das Hineingehen der ersten Gruppe von etwa 40 Frauen in diese Zelle scheint ohne größere Schwierigkeiten und Auffälligkeiten vor sich gegangen zu sein«, hieß es bei ihm. Die gefangenen Frauen wurden nicht »getrieben« oder in die Zellen »gepreßt«, sondern ihnen wurde »zunächst Gelegenheit gegeben, die Toiletten im Erdgeschoß des Arrestgebäudes zu benutzen«, sie »begaben« sich dann in den ersten Stock zu den Zellen. Dort wurden sie »hineingeschoben«. Dabei sei es – so Bötte – »abgesehen von dem Hineindrücken der Frauen in die erste Zelle, zu keinen Handgreiflichkeiten oder Tätlichkeiten von Seiten des Lagerpersonals gekommen«.[23]

Dagegen sah der Staatsanwalt in den Aussagen der Opfer viele Widersprüche. Beispiel: »In einer früheren Vernehmung am 1. April 1948 hat die Zeugin Verstegen angegeben, die Häftlinge aus der Philipsabteilung seien von Grünewald persönlich in die erste Zelle gepreßt worden, der auch die Zellentür zugedrückt habe. Sie habe nicht gesehen, wer vom Lagerpersonal bei diesem Vorgang sonst noch zugegen war. Wicklein, Strippel, Meyerhoff und die Aufseherin Schot seien allerdings ebenfalls bei der Zelle gewesen, als sie selbst dort hineingeführt wurde.« Die Gefangene Non Verstegen hat in all ihren verschiedenen Aussagen immer dieselben Personen genannt, sie hat den Vorgang immer in der gleichen Weise geschildert. An einer Stelle hat sie darauf hingewiesen, nicht gesehen haben zu können, wer die Zellentür von außen zugedrückt habe. Aber wer bis zu diesem Zeitpunkt »bei der Zelle gewesen« sei, konnte sie genau angeben.

Staatsanwalt Bötte fuhr fort: »Die weiteren zu diesem Vorfall durch die niederländischen Strafverfolgungsbehörden teils kurz nach Kriegsende, teils im Verlauf des vorliegenden Ermittlungsverfahrens vernommenen damaligen Häftlinge, die in die erste Zelle gehen mußten, machten hinsichtlich des Endes der Einschließung in diese Zelle ebenfalls recht unterschiedliche Angaben.«

Die Widersprüche waren: die Gefangene Frau Stitzinger meinte, Müller und Arts hätten die Zellentür zugepreßt. Die Gefangene Frau van Iperen meinte, Arts habe dies getan. Die Gefangenen Frau Samuel und Frau Koperberg meinten, Müller habe die Zellentür geschlossen. Die Gefangene Frau Haars glaubte, Meyerhoff habe »zuletzt« die Zellentür geschlossen. Die Gefangene Frau van Zalm glaubte, Meyerhoff und Gallinat hätten die Frauen in die Zellen gedrückt. Die Gefangene Frau Weber wieder sagte: Müller habe die Zellentür geschlossen.

Aber alle gaben dieselben SS-Leute und Aufseher als Beteiligte an. Alle Aussagen stimmten bis zu dem Augenblick des Türzupressens überein. Keine hatte sehen können, wer die Tür von außen verschlossen hat, denn sie waren alle auf der anderen Seite. Alle genannten SS-Leute und Aufseher hatten also gemeinschaftlich han-

KZ-Lager Vught. In einer dieser Zellen wurden zehn Frauen ermordet.

delnd die 90 Frauen in die Zellen gepreßt und so den späteren Tod der zehn Gefangenen verursacht. Diese Schlußfolgerung fehlte in der Einstellungsverfügung.

Bei der Frage, ob die Täter vorsätzlich handelten, sah Staatsanwalt Bötte Entlastungsgründe: »Gesicherte Erkenntnisse darüber, daß der Lagerkommandant Grünewald den Tod der eingeschlossenen Frauen überhaupt in Erwägung gezogen hat, lassen sich ... nicht gewinnen. Die bei den Ermittlungen festgestellten Tatumstände lassen es vielmehr als unwahrscheinlich erscheinen, daß er solche Überlegungen angestellt hat ... Hätte der Lagerkommandant in Erwägung gezogen und in Kauf genommen, daß bei der Einschließung Frauen ums Leben kommen oder bleibende gesundheitliche Schädigungen erleiden, würde dies im Widerspruch zu dieser Sorge um die Vermeidung eines Arbeitsausfalls stehen.«

Zwar wäre er »bei verständiger Würdigung aller Umstände zu dem Schluß gelangt, daß es bei der Einschließung sehr nahegelegen hätte, an eine Lebensgefahr für die Häftlinge zu denken«. Aber: »Der Lagerkommandant Grünewald wie auch die sonstigen Angehörigen des Lagerpersonals waren keine Mediziner, denen sich der Gedanke an eine Gefährdung der eingeschlossenen Frauen durch Sauerstoffmangel und so weiter mit Gewißheit aufdrängen mußte. Die akute Gefahr einer Schädigung trat erst bei einer Einsperrung von einer gewissen Dauer auf, nachdem die Luft sich verschlechtert hatte und die Temperatur angestiegen war. Sie vorherzusehen erforderte daher eine – wenn auch nur geringe – vorausschauende Gedankenarbeit ... Zusammenfassend läßt sich sagen, daß es unter den gegebenen Umständen eine ziemlich große Gedankenlosigkeit gewesen sein mußte, nicht an die Gefährdung des Lebens der eingeschlossenen Frauen zu denken. Die Umstände lassen jedoch nicht mit hinreichender Sicherheit den Schluß zu, daß der Lagerkommandant Grünewald – wie auch die sonstigen Beschuldigten – tatsächlich an diese Lebensgefahr gedacht und diese berücksichtigt haben.«

Eine Tötungshandlung sei nicht nachzuweisen, sondern nur eine vorsätzliche Körperverletzung, »da er den Frauen durch das Einschließen in die Zellen körperliche Pein zufügen wollte«. Körperverletzung mit Todesfolge gemäß Paragraph 226 StGB sei aber verjährt.

Bei den übrigen Beschuldigten, »soweit ihnen in tatsächlicher Hinsicht eine Beteiligung an der Einschließung der Frauen überhaupt nachzuweisen ist«, sei nicht festzustellen, daß »sie über eine Hilfeleistung auf Befehl des Lagerkommandanten Grünewald hinaus diese Tat als eigene wollten und daher Mittäter waren«.

Dabei war es der Adjutant Wicklein gewesen, der – schon nach den Feststellungen des SS-Gerichts – dem Lagerkommandanten Grünewald die Methode des Hineinpressens in die engen Zellen vorgeschlagen hatte. Wicklein hatte schon früher im KZ Ravensbrück ausprobiert, »Frauen in so großer Zahl in eine Zelle zu sperren, daß sie die Nacht stehend zubringen mußten. Diese Maßnahme habe sich dort als sehr wirksam erwiesen.« Daraufhin hätten Grünewald und Wicklein »beide beschlossen ... auch im vorliegenden Falle so zu verfahren«.

Nicht als eigene Tat gewollt?

Staatsanwalt Bötte berief sich auf die »nicht zu widerlegenden Einlassungen«, wonach Wicklein »zu diesem Zeitpunkt ohne eigenes Interesse und in Unkenntnis der konkreten Pläne des Lagerkommandanten einen Ratschlag gegeben habe, bei dem der spätere tödliche Ausgang für ihn nicht absehbar war. Es habe seiner Erinnerung nach auch keine Schwierigkeiten bei der Füllung der Zellen gegeben. Der Gedanke, daß der Aufenthalt in den Zellen für Frauen für deren Gesundheit nachteilige Folgen haben könne, sei ihm nicht gekommen.«

Dem SS-Schutzhaftlagerführer Arnold Strippel wurde zugute gehalten, daß »eine über seine Anwesenheit hinausgehende aktive Tätigkeit ... nicht mit hinreichender Sicherheit festgestellt werden« konnte.

Bei der Formulierung des letzten, Strippel vollständig entlastenden Satzes, verlor der Staatsanwalt den Faden: »Ihm ist – im Zweifel – hinsichtlich des Verursachens des Todes der Frauen nur grobe Fahrlässigkeit mit Todesfolge, der er sich unter diesen Umständen allenfalls schuldig gemacht hat, ist – wie auch sonstige in Betracht kommenden Delikte – verjährt.«

Übrig blieb nur ein Vorwurf gegen die Opfer: Sie hatten »abweichende Angaben« gemacht (Seite 77), ihre »Widersprüche« ließen »keine gesicherten Erkenntnisse« gewinnen (Seite 37), ihre Angaben waren »insgesamt gesehen zu widersprüchlich, um gesicherte Erkenntnisse über eine Beteiligung der Angehörigen des Lagerpersonals an der Füllung der Zellen oder der Schließung der Zellentüren gewinnen zu können« (Seite 72). Glaubwürdiger als die gefangenen holländischen Frauen war für den Frankfurter Staatsanwalt das SS-Gericht, dessen Urteil sich »durch eine für damalige Verhältnisse ziemlich objektive Darstellung der Geschehnisse auszeichnet«.

Im Konzentrationslager Vught waren, sagte der Staatsanwalt, »die Haftbedingungen ... günstiger als diejenigen in den Konzentrationslagern im Reichsgebiet oder gar im Osten. Die Sterblichkeit war ... vergleichsweise gering. Zu Tötungen von Häftlingen ist es nach den vorliegenden Erkenntnissen – abgesehen von Massenerschießungen im Spätsommer 1944 bei der Auflösung des Lagers – nur vereinzelt gekommen.«

Also: Sterblichkeit gering, abgesehen von Massenerschießungen. Hatten die toten Frauen nicht außerdem zu der »ziemlich großen Gedankenlosigkeit« des Lagerkommandanten beigetragen?

Staatsanwalt Bötte vermutete es: »Auch die Frauen selbst scheinen zu dem Zeitpunkt, zu dem sie in die Zelle gepfercht wurden, nicht erfaßt zu haben, daß ihnen durch diese Maßnahme eine Lebensgefahr drohte, da sie ohne große Widerstände in die erste Zelle hineingingen ... Hätten die Frauen zu diesem Zeitpunkt die auf sie zukommende Gefahr erkannt, wäre die Einschließung wahrscheinlich nicht so relativ problemlos vor sich gegangen.« Sie trugen also eine gewisse Mitschuld an ihrer Ermordung.

Auffallend an dieser Einstellungsverfügung ist: sie blieb hinter den Feststellungen des SS-Gerichts von 1944 zurück. Während der Frankfurter Staatsanwalt Bötte »gesicherte Erkenntnisse darüber, daß der Lagerkommandant Grünewald den Tod der eingeschlossenen Frauen überhaupt in Erwägung gezogen hat«, ausschloß und es für unwahrscheinlich erklärte, »daß er solche Überlegungen angestellt hat«, waren die SS-Richter Look, Kertenbecher und Kraft 1944 zu dem Ergebnis gekommen, daß Grünewald »dabei die Gefahr, einige der Frauen würden die Maßnahme nicht ohne Gesundheitsschädigung überstehen, nicht verborgen geblieben ist. Wenn er trotzdem unterschiedslos deren Einpferchung zuließ, stellte er diesen eventuell drohenden Erfolg in Rechnung und handelte mindestens mit bedingtem Vorsatz« (Seite 9 des »Feldurteils«). Die SS-Richter hatten in dieser Beziehung also ein schärferes Rechtsempfinden. Für sie war der Bunkermord mehr als nur »eine ziemlich große Gedankenlosigkeit«.

6. FALL

Vier junge Frauen werden weggebracht

Am 29. November 1944 kamen drei ganz junge polnische Krankenschwestern im Lager Neuengamme an. Mit einer Ärztin zusammen hatten sie einen Kindertransport von Auschwitz gebracht: Zehn Mädchen und zehn Jungen, die für medizinische Experimente gebraucht werden sollten.

Drei Tage nach ihrer Ankunft wurden die drei Polinnen im Bunker des Lagers aufgehängt. Mit ihnen eine weitere junge Gefangene, die schon länger im Lager gewesen war. Vier SS-Männer nahmen sich die Frauen vor, jeder eine.

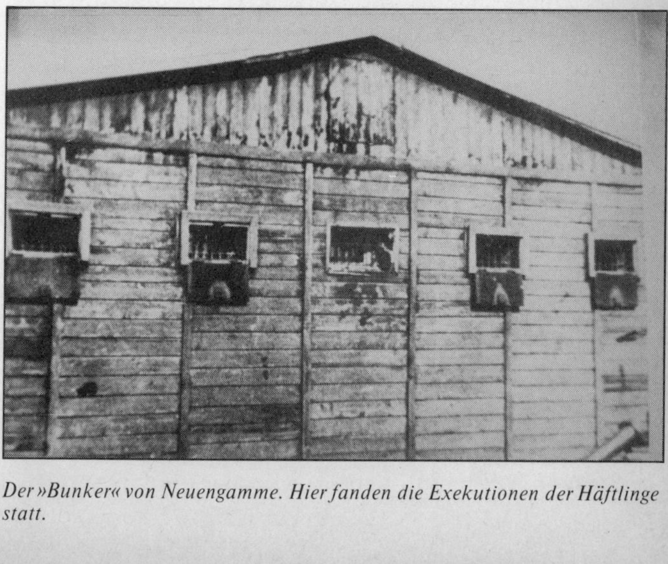

Der »Bunker« von Neuengamme. Hier fanden die Exekutionen der Häftlinge statt.

Am 13. Juli 1955 sagte der Hamburger Kaufmann Herbert Schemmel das Folgende aus:

»In Neuengamme war ich von Ende 1940 bis zur Kapitulation im Mai 1945 als Häftlingsschreiber beschäftigt und hatte in dieser Eigenschaft auch mit Klemmt zu tun, der bei den meisten Häftlingen besser unter dem Spitznamen ›Nase‹ bekannt ist. Klemmt war als SS-Scharführer und später als SS-Oberscharführer von 1941 an bis 1945 Kommandoführer der Häftlingsbekleidungskammer, welche sich im Bereich des internen Häftlingslagers befand ... Über Klemmts Verhalten im KZ Neuengamme und auf dem Außenkommando Wittenberge ist nicht viel Günstiges zu berichten. Ich habe selbst gesehen, wie Klemmt Häftlinge in und vor der Häftlings-Bekleidungskammer geschlagen hat und dazu einen Knüppel benutzte, weil diese sich angeblich nicht schnell genug umzogen ... Im Herbst 1944 beteiligte sich Klemmt aktiv an der Exekution (Erhängen) von vier weiblichen jungen Häftlingen in Neuengamme. Ich bin fest überzeugt, daß Klemmt sich freiwillig hierzu gemeldet hat, denn sonst wurde er als Chef der Bekleidungskammer niemals zu Exekutionen herangezogen, sondern nur die sogenannten SS-Blockführer. Wie in einem Kriegsverbrecherprozeß im Hamburger Curiohaus unter Eid ausgesagt wurde, sind die betreffenden vier weiblichen Häftlinge im Bunker Neuengamme vor der Exekution durch Erhängen in übelster Weise mißhandelt worden, und zwar mit nacktem Körper. Ich habe gesehen, wie Klemmt zusammen mit den SS-Blockführern Hoffmann und Brems die Häftlinge aus der Baracke abholte und in den Bunker führte. Was dort geschah, kann ich nicht sagen. Jedoch war Klemmt während der ganzen Exekution im Bunker, und die Häftlinge, die später die Leichen abhängten und fortschafften, stellten grausame Spuren von Mißhandlungen am Körper und an den Brüsten fest.«

Herbert Schemmel war nicht der einzige KZ-Gefangene in Neuengamme, der den SS-Oberscharführer Edgar Klemmt bei der Exekution der vier jungen Frauen gesehen hatte. Der Maler Jupp Händler hatte dies ebenfalls beobachtet und sagte am 16. August 1955 dazu aus: »Ich habe auch gesehen, daß Klemmt sich an der Hinrichtung von vier jungen Mädchen direkt beteiligt hat. Von SS-Leuten erfuhr ich vorher, daß die Hinrichtung der vier Mädchen vorgesehen war. Die vier Betroffenen wurden in das Badehaus gebracht, und kurze Zeit später erschien eine ganze Anzahl SS-Leute, darunter auch Klemmt. Dann mußten die jungen Frauen sich völlig entkleiden, und der Lagerfriseur erhielt den Auftrag, alle Haare am Körper zu rasieren. Die SS-Leute sahen diesem Schauspiel belustigt zu, und Klemmt erklärte den Anwesenden: ›Die Weiber müssen gut rasiert werden, damit keine Mäuse in das Lager kommen.‹ Trotz dieser Prozedur wurden die vier Mädchen einige Tage später im Bunker gegenüber dem Badehaus wiederum im Beisein einer Anzahl SS-Leute völlig nackt, nachdem sie vorher noch schikaniert und unmenschlich gequält wurden, erhängt. Hieran beteiligte sich wiederum der SS-Mann Klemmt. Ob er allerdings die vier Mädchen selbst gehenkt hat, kann ich nicht mehr mit Bestimmtheit sagen, da sich mehrere SS-Leute an diesen Grausamkeiten beteiligten.«[24]

Erst drei Jahre nach diesen beiden Aussagen eröffnete die Staatsanwaltschaft Hamburg ein Ermittlungsverfahren gegen den SS-Mann Edgar Klemmt. Der Leitende Oberstaatsanwalt Koch führte es.

Er ließ die ehemaligen Gefangenen von Neuengamme ein zweites Mal durch den Kriminalsekretär Papist vernehmen. Und wieder sagte Herbert Schemmel aus: »Am nächsten Tage habe ich gesehen, wie diese vier weiblichen Häftlinge durch den Wachturm hindurch in das Häftlingslager nach dem Bunker gebracht wurden. Es waren dabei die SS-Blockführer Hoffmann und Brems sowie der Chef der Häftlingsbekleidungskammer, SS-Oberscharführer Klemmt, besser bekannt bei den Häftlingen unter dem Spitznamen ›Nase‹, und noch ein mir heute nicht mehr erinnerlicher SS-Mann. Ich hatte gesehen, daß diese vier SS-Leute die vier weiblichen Gefangenen in den Bunker hineingeführt haben. Anschließend wurde die Tür geschlossen. Etwa eine Stunde später sind die Leichen der vier weiblichen Gefangenen durch zwei Häftlingsleichenträger aus dem Bunker nach dem außerhalb des Lagers befindlichen Krematorium abtransportiert worden. Sie wurden auf Tragbahren transportiert und waren mit Decken bedeckt. Ich selbst habe also die Leichen nicht gesehen, sondern nur den Abtransport auf Tragbahren ... Ich habe den Vorgang mit den vier weiblichen Gefangenen aus nächster Nähe beobachten können, da ich von der Häftlingslagerschreibstube nach dem Revier gegangen bin und mich dort aufgehalten habe.«

In diesem Stadium der Vernehmung fragte der Kriminalsekretär Papist, woher er denn wisse, daß Klemmt die ganze Zeit bei der Exekution dabeigewesen sei. Man könne doch vom Revier aus nicht in den Bunker hineinsehen. Darauf Schemmel: »Wenn ich ausgesagt habe, daß Klemmt während der ganzen Zeit der Exekution im Bunker gewesen ist, so kann ich dies nur vermuten, nachdem ich ihn erst später mit den anderen SS-Leuten habe wieder zurückkommen sehen.«

Auch Jupp Händler wurde ein zweites Mal gehört: »Ich erinnere mich heute noch genau, daß im Herbst 1944 in diesem Bunker vier junge Mädchen, bei denen es sich meiner Meinung nach um Ausländerinnen gehandelt hat, gehängt worden sind ... Nach etwa zwei oder drei Tagen, in den Nachmittagsstunden, als ich mich im Bad aufhielt und auch die Eingangstür zum Bunker sehen konnte, bemerkte ich, wie einige SS-Leute in den Bunker hineingingen und hinter sich die Bunkertür schlossen.

Ich habe bestimmt gesehen, daß zu diesem Zeitpunkt der Bunker von den SS-Leuten Klemmt, Hoffmann und Brems betreten wurde. Es ist möglich, daß noch ein vierter SS-Mann dabei war, dessen Name ich aber heute nicht mehr entsinne. Höchstens nach fünfzehn Minuten traten die SS-Leute aus dem Bunker und riefen nach Häftlingspflegern, die daraufhin mit Tragbahren in den Bunker gingen. Kurz danach schaffte man die Leichen der vier jungen Mädchen aus dem Bunker und trug sie zu der Leichenhalle, die sich direkt neben unserem Baderaum befand. Die Leichen waren mit Decken bedeckt, so daß ich sie persönlich nicht gesehen habe.«

Auch hier schaltete sich wieder der Kriminalbeamte ein. Er fragte Händler, woher er denn wissen wolle, daß Klemmt sich an der Ermordung der Mädchen persönlich beteiligt habe. Händler: »Da der SS-Mann Klemmt den Bunker mit den anderen SS-Leuten aufgesucht hat und darin verblieb, bis man die Leichen herausgeschafft hatte, muß ich selbstverständlich annehmen, daß er zumindest bei der Exekution zugegen war. Auf keinen Fall aber kann ich sagen, daß Klemmt sich an der Hinrichtung der vier Mädchen persönlich beteiligt hat, weil ich es nicht gesehen habe.« Der Kriminalbeamte Papist vernahm dann zusammen mit einem Kollegen am 11. August 1958 den ehemaligen SS-Oberscharführer Edgar Klemmt, der damals 63 Jahre alt war. Wie zu erwarten, stritt er seine direkte Beteiligung an der Exekution der vier Mädchen ab:

»Die Aussagen der Zeugen sind teilweise richtig, aber teilweise entsprechen sie nicht den Tatsachen. Die Sachen, die ich im Lager ausgeführt habe, habe ich auf Befehl des Lagerkommandanten Pauly ausführen müssen. Eine eigene selbständige Handlung durfte ich niemals vornehmen. Ich bin ein einziges Mal kommandiert worden, vier oder fünf weibliche Häftlinge zum Bunker zu bringen. Dieser Befehl wurde mir von dem damaligen SS-Angehörigen Reimann überbracht.[25]

Frage: Wo wurden diese weiblichen Häftlinge hingebracht?

Klemmt: Zum Arrestbunker.

Frage: Was sollten die Häftlinge im Arrestbunker?

Klemmt: Diese Frage kann ich nicht beantworten, weil ich es nicht wußte.

Frage: Sind Sie mit in den Bunker hineingegangen?

Klemmt: Nein.

Frage: Welche SS-Leute sind zusammen mit den Häftlingen in den Bunker hineingegangen?

Klemmt: Soweit ich mich erinnere, sind die früheren SS-Angehörigen Reimann, Hoffmann und Brems, deren Namen Sie mir nannten, in den Bunker hineingegangen.

Vorhalt: Nach den hier vorliegenden Zeugenaussagen sind auch Sie in den Bunker hineingegangen. Weiterhin möchten wir Ihnen vorhalten, daß Sie im Verlaufe unserer Vorbesprechung uns gegenüber erklärt haben, daß die Bunkertür geschlossen wurde und daß der SS-Angehörige Hoffmann die Exekution vorgenommen hat. Dieses steht doch im Widerspruch zu Ihrer jetzigen Aussage.

Klemmt: Was die Zeugen aussagen, entspricht nicht der Wahrheit, ich bin lediglich bis zur Bunkertür mitgegangen. Wenn ich vorhin bei der Vorbesprechung Ihnen gegenüber gesagt habe, daß ich mit in den Bunker hineingegangen bin, mich jedoch keinesfalls an der Exekution beteiligt habe, so ist diese Aussage nur so zu erklären, daß ich vollkommen mit den Nerven durcheinander bin und nicht mehr weiß, was ich im einzelnen sage.

Frage: Soll das heißen, daß Ihre jetzigen Angaben, Sie haben die Frauen nur bis zum Bunker begleitet, auch unwahr sind?

Klemmt: Ich habe die Frauen tatsächlich nur bis zum Bunker begleitet.

Vermerk: Herr Klemmt bittet um eine kurze Pause, damit er sich wieder beruhigen kann. Herrn Klemmt wurde eine Zigarette angeboten. Erfrischungsgetränke wurden von ihm abgelehnt.

Frage: Wie oft sind Sie persönlich zu derartigen Exekutionen kommandiert worden?

Klemmt: Einmal.

Frage: Ist Ihnen bekannt, was mit den Frauen geschah, nachdem diese in den Bunker gebracht worden sind?

Klemmt: Ein oder zwei Tage später erfuhr ich, daß man die Frauen hingerichtet hat. Ich bin aber der Meinung, daß ich dieses nicht von meinen Kameraden erfahren habe. Wenn es auch unwahrscheinlich klingt, daß ich mich, nachdem ich die Frauen bis zur Tür gebracht hatte, nicht weiter um ihren Verbleib gekümmert habe, so entspricht dieses aber doch den Tatsachen. Weitere Angaben kann ich nicht machen.«

Die beiden Polizeibeamten fertigten über die Vorbesprechung einen Vermerk an: Klemmt habe zunächst erklärt, von Hinrichtungen im Lager erst später erfahren zu haben. Als ihm aber die Aussagen der Häftlinge Schemmel und Händler vorgehalten wurden, »bekam er plötzlich einen Weinkrampf und bat um eine Unterredung im Nebenraum des Vernehmungszimmers. Im Verlaufe dieser Unterredung wurde ihm mehrfach aufgezeigt, daß er seine Position doch nur verbessern könne, wenn er sich rückhaltlos zur Wahrheit bekenne ... Nach diesen Vorhalten erklärte der Beschuldigte Klemmt den Unterzeichneten, daß er lediglich die betreffenden weiblichen Häftlinge auf Befehl des Lagerkommandanten in den Bunker gebracht habe, doch hätte er sich an der Exekution selbst nicht beteiligt, sondern diese wäre von dem SS-Angehörigen Hoffmann durchgeführt worden ... Bei dieser Unterredung bekam Klemmt wiederum einen Weinkrampf.«

Nach dieser Aussage hätte der ehemalige SS-Mann Klemmt wegen Mordverdachts in Haft genommen und angeklagt werden müssen. Es war offensichtlich, daß er an der Ermordung der Frauen direkt beteiligt gewesen war. Sein ganzes Verhalten in der Vernehmung ließ diesen Schluß zu. Die Schutzbehauptung, er sei nur bis zur Tür des Bunkers gegangen und habe auch nicht gewußt, was dort drinnen mit den Frauen geschehen solle, war unglaubwürdig.

Der Leitende Oberstaatsanwalt Dr. Koch machte das Gegenteil. Er schrieb eine zweiseitige Einstellungsverfügung. Begründung: »Die Zeugen Schemmel ... und Händler hatten den Beschuldigten zunächst stark belastet, haben dann jedoch bei erneuter und eingehenderer Vernehmung nicht behaupten können, selber als *unmittelbare Tatzeugen* gesehen zu haben, daß der Beschuldigte bei der Erhängung der vier Frauen mitgewirkt hat. Sie haben vielmehr insoweit im wesentlichen nur noch *Vermutungen* vorgebracht, die freilich als solche nach den von ihnen mitgeteilten Beobachtungen als durchaus begründet erscheinen, nur eben nicht zum sicheren *Beweise* ausreichen ... Bei dieser Sachlage ist dem Beschuldigten eine strafrechtliche Mitwirkung bei der Ermordung der vier Frauen nicht nachzuweisen ... Das Verfahren wird eingestellt.«

Der Leitende Oberstaatsanwalt Dr. Koch wertete die Ausagen der KZ-Häftlinge sehr vorsichtig: Die Akte enthält in einem besonderen Umschlag die vom Staatsanwalt angeforderten Strafregisterauszüge dieser politischen Gefangenen, die als Belastungszeugen gegen Klemmt ausgesagt haben. Eine Strafe ist dort nicht vermerkt.

Die Einstellungsverfügung wurde vom Generalstaatsanwalt gegengezeichnet.

7. FALL

Die Opfer sind voreingenommen

Im Getto von Warschau herrschte ein Mann namens Rudolf Bauch als Direktor der Textilfirma Walter Caspar Többens. Dort mußten Tausende Juden ohne Bezahlung arbeiten bis zu ihrem Ende. Sie bekamen für diese Zeit eine Arbeitskarte, und die verschonte sie vorübergehend vor den Deportationen. Um überhaupt bei Többens eingestellt zu werden, mußten die Juden ihre Nähmaschinen mitbringen und eine Prämie bezahlen (von 5 000 Zloty aufwärts, das waren damals etwa 2 500 Mark). Ihre Kinder konnten sie gegen weitere Prämien von einigen tausend Zloty in einem Kindergarten unterbringen, der vom Besitzer Többens und seinem Direktor Bauch in der Gerichtsstraße in Warschau eingerichtet wurde. Die Kinder blieben dort nicht lange. Dann kam die SS und holte sie ab zur Vergasung im Konzentrationslager Treblinka.

Manche Juden trauten dem Direktor Bauch und dem Textilunternehmer Többens nicht. Sie nahmen ihre Kinder mit in den Betrieb, wenn sie zur Arbeit gingen. Irgendwo in den riesigen Többens-Betrieben wurden sie dann unter Werkbänken oder in Toiletten und in Abstellräumen versteckt.

Aber von Zeit zu Zeit kamen Suchtrupps der SS und durchstöberten die Többens-Werke nach Kindern. Die nahmen sie mit. Ihre Eltern sahen sie nie wieder. Es waren viele hundert. Nach dem Kriege sagten die wenigen überlebenden Juden aus, es sei Rudolf Bauch gewesen, der die Kinder herausgeholt und der SS übergeben habe. Der bestritt das natürlich.

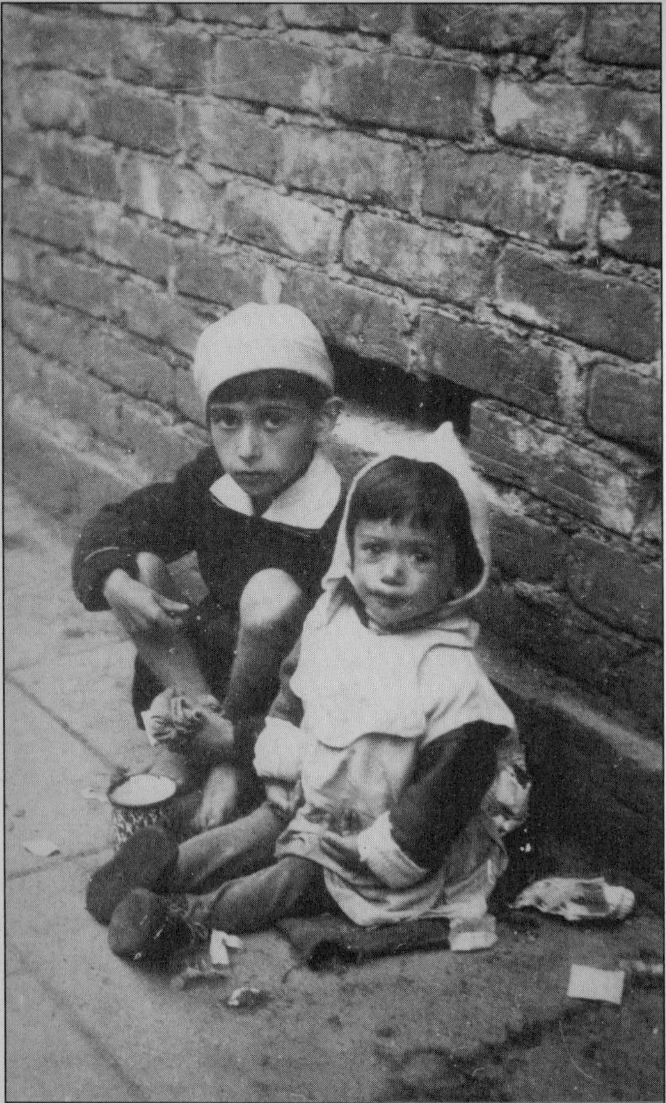

Gettowaisen auf einer Straße in Warschau.

Das liest sich in der Ermittlungsakte der Staatsanwaltschaft Hagen so: »Wenn es dazu gekommen sei, daß die SS jüdische Kinder aus dem von ihm eingerichteten Kindergarten und auch aus den Betriebsräumen herausgeholt habe, so sei er gegen diese Aktion machtlos gewesen. Das Vorhandensein des Kindergartens sei der SS schon durch ihre Spitzel bekannt gewesen. Er sei dann eines Tages von ihr überrumpelt worden, so daß er Maßnahmen wegen des Verbergens der Kinder vor der SS gar nicht mehr habe treffen können. Er habe niemals jüdische Kinder selbst aus Verstecken im Betriebe herausgeholt und der SS übergeben.«

Der bearbeitende Staatsanwalt mit dem Kürzel »D« stellte das Verfahren gegen den Direktor Bauch ein. Zwar sei er von vielen Zeugen belastet worden. »Diese Aussagen reichen aber zu einer Überführung des Beschuldigten nicht aus ... Nach der Sachlage können Zweifel an der Glaubwürdigkeit dieser Zeugen schon deshalb nicht ausgeschlossen werden, weil die Möglichkeit besteht, daß Gefühle des Hasses und der Verbitterung ihre Aussagen in einem für den Beschuldigten ungünstigen Sinne beeinflußt haben.«

Damit scheiden alle Juden, alle Polen, alle Franzosen, alle Russen, alle Griechen, alle Norweger, alle Kommunisten, alle Antinazis als Belastungszeugen gegen Naziverbrecher aus. Denn bei ihnen allen können Zweifel an ihrer Glaubwürdigkeit »nicht ausgeschlossen werden«, weil die Möglichkeit besteht, daß »Gefühle des Hasses und der Verbitterung« ihre Aussagen über ihre Peiniger beeinflussen.

Jeder weiß, daß Aussagen von Opfern über Täter wegen möglicher Voreingenommenheit vorsichtig bewertet werden müssen. Darüber gibt es ausreichend Literatur. Studenten lernen in einem frühen Zeitpunkt des Studiums, mit dieser Problematik umzugehen. Wenn aber mögliche, »nicht auszuschließende« Voreingenommenheit zur Eliminierung aller Zeugenaussagen führt, dann wird die Rechtspflege zur Unrechtspflege.

Für den Staatsanwalt »D« waren die Täter dagegen eher glaubwürdig. Ihre Schutzbehauptungen wurden mit der Standardformel »Diese Einlassungen können dem Beschuldigten nach dem Ergebnis der Ermittlungen nicht widerlegt werden« zu einer Verfahrenseinstellung verarbeitet.

Ergebnis: »Die Vorgänge bei der Abholung der jüdischen Kinder aus dem Kindergarten oder aus Verstecken durch die SS (vgl. die Darstellung des Beschuldigten Bl. 75, 125 d. A.) lassen sich nicht mehr restlos aufklären, so daß insbesondere die naheliegende Frage, ob dem Beschuldigten bei dem Vorgehen der SS ein Schuldausschließungsgrund zugute kommt, offen bleibt ... Aus diesem Grunde ist ein strafrechtliches Einschreiten gegen den Beschuldigten nicht möglich.«

Die Einstellungsverfügung hat drei Seiten.

Der Staatsanwalt in Hagen unterschrieb dies am 21. Mai 1953 mit seinem »D«. Er ließ sie von seinem Vorgesetzten mit einem ebenso unleserlichen Kürzel gegenzeichnen. Die Handschuhe der Staatsanwälte sind ihre Kürzel.

Nur keine Spuren hinterlassen, »D«![26]

8. FALL

Geschenkt – zehn Jahre und ein Vermögen

Wenn schon gegen den Többens-Direktor Bauch keine Anklage erhoben werden konnte, hätte dann nicht zumindest der Besitzer der Firma angeklagt werden müssen? Walter Caspar Többens war am 30. Juni 1949 von der Spruchkammer des Landes Bremen zu zehn Jahren Arbeitslager und Einziehung seines gesamten Vermögens »als Beitrag zur Wiedergutmachung« verurteilt worden. Ihm wurden »für dauernd« die Fähigkeiten aberkannt, ein öffentliches Amt zu bekleiden. Er verlor das aktive und das passive Wahlrecht und das Recht, sich politisch zu betätigen, sich einer politischen Partei als Mitglied anzuschließen, Mitglied einer Gewerkschaft oder einer wirtschaftlichen oder beruflichen Vereinigung zu werden.

Aus dem Spruch: »Mit dem Beginn seiner Tätigkeit im Getto löste der Betroffene die (jüdischen) Einzelwerkstätten auf und zwang die Unternehmer und deren Arbeitskräfte zu gemeinsamer Arbeitsleistung innerhalb seines Betriebes. Gleichzeitig mußten die Besitzer der Einzelwerkstätten die Maschinen mit zur Verfügung stellen, ohne daß der Betroffene sie dafür entschädigte. Diesen Zwangseingriff bestätigen die Zeugen Topf, Rubinlicht und Hoffenberg, die ihre Betriebe dem Betroffenen zur Verfügung stellen mußten ... Zusätzliche Arbeitskräfte konnten nur Aufnahme in den Betrieben des Betroffenen finden, wenn sie Maschinen mitbrachten. Die schwierige Lage der Juden im Getto und das Bewußtsein der drohenden Vernichtung ließ die Juden zu jedem

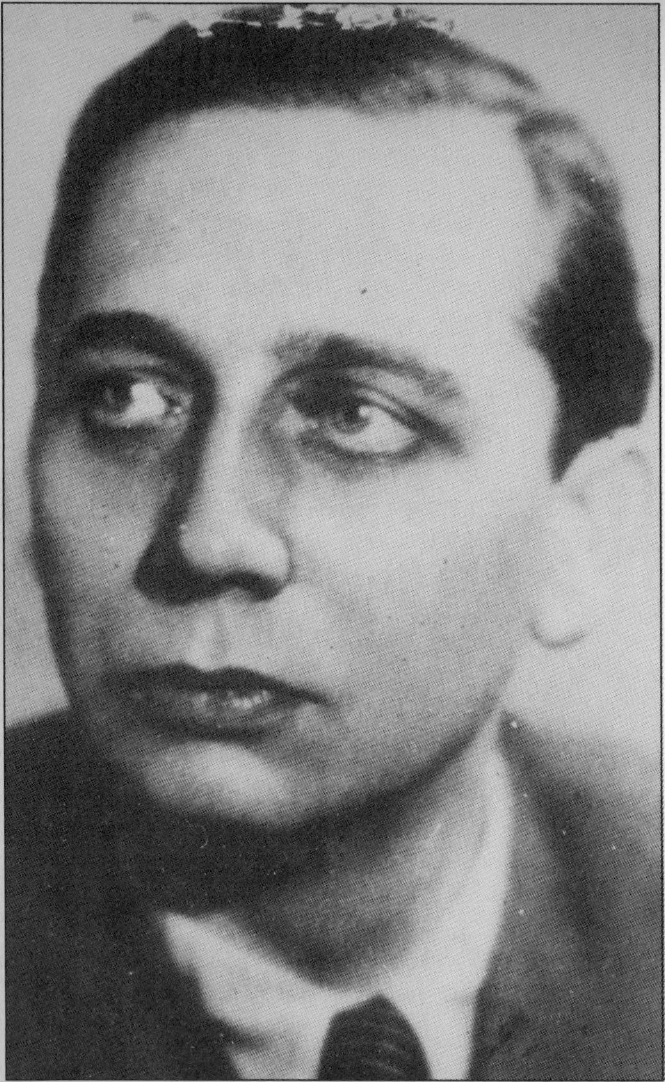

Textilunternehmer Walter Caspar Többens verdiente Millionen an der Ausbeutung und am Tod jüdischer Zwangsarbeiter im Warschauer Getto.

Opfer bereitfinden, um durch Arbeitsleistung ihre Lage in gläubiger Hoffnung zu verbessern und ihr Leben zu verlängern. Die Situation nutzte der Betroffene zu seinem Vorteil aus, was die Verhandlung in erschütternder Beweisaufnahme zeigte ... Bis zur endgültigen Vernichtung der 500 000 Gettojuden konnte sehr viel lohnende Arbeit durch die ohnehin billigen Arbeitskräfte zu seinem Nutzen geleistet werden.«

Er nahm Selektionen vor, durch die er »einen Teil der Juden zur Arbeit nach Poniatowa bestimmte und ... den übrigen Teil zur Vernichtung nach Treblinka freigab. Diese Handlung schaltet jeden Zweifel aus, daß der Betroffene im Auftrage der SS handelte und damit deren verbrecherische Ziele nicht nur billigte, sondern sie durch seinen Einsatz unterstützte und förderte ... Unter menschenunwürdigen Verhältnissen wurden die Juden in Güterwaggons zusammengepfercht und nach Poniatowa gebracht, wo sie in der großen Werkhalle 3 ... mit 11 500 Menschen untergebracht wurden und raumbedingt schlafen mußten ... Nachdem die Juden sechs Monate lang in Poniatowa unter den kläglichsten Verhältnissen gelebt hatten, kam nach Schilderung des Zeugen Bauch plötzlich der Befehl zur Vernichtung, die der Betroffene mit dem genannten Zeugen gemeinsam in vollem Umfange beobachten konnte und verfolgt hat. Auf die Frage über ergriffene Maßnahmen antwortete der Zeuge Bauch, bemüht gewesen zu sein, das Material zu retten ...«[27]

Manche Juristen halten die Spruchkammern für die Verkünder von Unrecht. Wenn eines Tages die Akten aufgearbeitet werden, wird sich herausstellen, daß in den Spruchkammern Recht gesprochen wurde. Kann die Justiz der Bundesrepublik auch von sich sagen, sie habe gegenüber Nazitätern und Naziopfern Gerechtigkeit geübt?

Die Spruchkammer-Justiz hatte keinen Bestand. Ihre Sprüche wurden aufgehoben, als die Bundesrepublik

Deutschland gegründet worden war. Walter Caspar Többens brauchte nicht in ein Arbeitslager. Er konnte sein Vermögen behalten. Die Wiedergutmachung fand nicht statt.

Es gab nicht einmal ein Ermittlungsverfahren. Am 20. September 1988 schrieb der Generalstaatsanwalt des Landes Bremen auf eine Anfrage: »Die Staatsanwaltschaft Bremen hat mir mitgeteilt, daß weder dort noch bei der Kriminalpolizei Bremen Verfahren gegen Többens bekannt seien.«

9. FALL

Der Zigeunerjunge wäre ohnehin gestorben

Mithäftlinge des Konzentrationslagers Neuengamme beschuldigten den Blumenhändler Wilhelm Leers aus Köln, er habe als Kapo Gefangene mißhandelt. Ein britisches Militärgericht hatte ihn deshalb zum Tode verurteilt. Er wurde begnadigt und statt dessen zu zehn Jahren Haft verurteilt.

Die englische Strafe hatte sich aber nur auf Verbrechen gegen Ausländer bezogen. Die Staatsanwaltschaft Hamburg hatte nun wegen der Verbrechen gegen deutsche Häftlinge zu ermitteln.

Leers sollte

1. in mehreren Fällen namentlich nicht bekannte Häftlinge zu Tode mißhandelt haben,
2. den Häftling Böhme totgeschlagen haben,
3. sich mit anderen zur Tötung des Architekten Dr. Münchrath verabredet haben,
4. einen 20jährigen Zigeuner mit einem Schaufelstiel geschlagen, ihn in einen Wassergraben gestoßen und beim Versuch des Herauskletterns gehindert haben, so daß er schließlich tot liegen geblieben sei,
5. der Hamburger Schauspielerin Hanne Mertens im »Bunker« des Lagers Neuengamme mit einem Spatenhieb den Schädel gespalten haben,
6. zwölf bis fünfzehn kranke Häftlinge durch Verweigerung der Nahrung getötet haben,
7. eine unbekannte Zahl von Häftlingen dadurch getötet haben, daß er sie im Freien lagern ließ und dort mißhandelte,

8. total entkräftete Häftlinge zur Arbeit geschickt haben, so daß sie abends als Tote zurückgebracht wurden,

9. an Erhängungen von Häftlingen teilgenommen haben, wie ihm dies von der Lagerleitung befohlen worden sei,

10. Mithäftlinge geschlagen und mißhandelt haben.

Das Ermittlungsverfahren lief vier Jahre von 1965 bis 1969. Am 9. Mai 1969 wurde ein neuer Sachbearbeiter damit befaßt, der Staatsanwalt Michael Schmid-Lossberg. Nun ging die Sache zügig zu Ende. Er machte noch ein paar Vernehmungen von Zeugen, also KZ-Opfern, die schon einmal vernommen worden waren. Und er fand Widersprüche in ihren Aussagen. Dann stellte er am 2. September 1969 das Verfahren ein. In der Einstellungsverfügung heißt es: »Vorwurf zu unsubstantiiert« oder: »Wenn die Zeugen auch zum Teil selbst gesehen haben, wie der Beschuldigte Häftlinge geschlagen und mißhandelt hat, so hat doch keiner von ihnen die Tötung eines so geschädigten Häftlings wahrgenommen.« Staatsanwalt Schmid-Lossberg schrieb von »Vermutungen«, »Hörensagen«, »keine Präzisierung der Vorwürfe nach Ort und Zeit«, »nicht mit der erforderlichen Sicherheit eine Tötungshandlung nachgewiesen«, »keinen entscheidenden Beweiswert«.

Im Fall des getöteten Zigeunerjungen ging der Staatsanwalt (heute Richter) Schmid-Lossberg allerdings etwas weit: Die anderen Häftlinge hätten zwar die Mißhandlungen des Zigeuners gesehen, er sei auch gestorben. Aber: »Für die Kausalität der Mißhandlung im Hinblick auf den so vermuteten Todeserfolg spricht zwar eine große Wahrscheinlichkeit. Auf der anderen Seite läßt sich nicht mit der zu einer Verurteilung erforderlichen Sicherheit sagen, daß der Tod aufgrund der Mißhandlung eingetreten ist. Der Zeuge Groß gibt selbst an, daß der Zigeuner in einer denkbar schlechten Verfassung, ausgemergelt und arbeitsunfähig war, nach der Auffassung des Zeugen

Groß war der Häftling in einem solch heruntergekommenen Zustand, daß er wahrscheinlich auch ohne die Mißhandlung durch den Beschuldigten in den nächsten Tagen gestorben wäre, sei es an Erschöpfung, sei es an Unterernährung. Unter diesen Umständen kann nicht ausgeschlossen werden, daß die Todesursache des Zigeuners andere Gründe als die angebliche Mißhandlung hatte.«

Auch das Leben von Todkranken ist geschützt, ihre Tötung Mord oder Totschlag. Daß der Beschuldigte Leers in jedem Fall den vorzeitigen Tod des Zigeuners bewirkt hatte, ließ der Staatsanwalt Schmid-Lossberg außer acht.

Der KZ-Häftling Fritz Bringmann hatte klare Aussagen darüber gemacht, daß Kranke auf Befehl von Leers im Freien liegen bleiben mußten und daß ihnen die Nahrung verweigert wurde, bis sie tot waren. Fritz Bringmann war jahrelang als Sanitäter im Krankenrevier tätig. Er hatte das Sterben von Tausenden miterlebt, aber er war, sagte der Staatsanwalt, »Nichtmediziner«. Deswegen konnte »auch in diesem Punkt der Nachweis der Kausalität nicht geführt werden.« Die übrigen Zeugen »lassen keine weitere Aufklärung in diesem Punkt erwarten. Der Aufenthalt dieser Zeugen ist unbekannt.« Und »Ansatzpunkte für weitere erfolgversprechende Ermittlungen sind nicht ersichtlich«. Punkt aus. Als sei es nicht Aufgabe eines Staatsanwalts, Aufenthaltsorte zu ermitteln, Vorwürfe zu präzisieren, durch Parallelvernehmungen die Beschuldigungen zu substantiieren und so weiter und so weiter.

»Punkt 3: Kein Bescheid.« Die Spur ist verwischt.[28]

10. FALL

Haben sich die Gefangenen selbst umgebracht?

1943 und 1944 wurden viele tausend Juden aus dem holländischen Konzentrationslager in Vught bei s'Hertogenbosch in die Vernichtungslager Sobibor und Auschwitz gebracht. Fast alle sind dort ermordet worden. Die Staatsanwaltschaft bei dem Landgericht München I leitete deshalb ein Ermittlungsverfahren gegen die Führer der Wachmannschaft ein.

Eine Reihe von Einzeltaten wurden in diesem Verfahren untersucht:

1. Am 9. März 1943 wurde Isaac Rozendaal (wahrscheinlich mit anderen) von Vught nach Sobibor deportiert und dort ermordet.

2. Am 31. März 1943 wurden Ursula Stern, Sara Wijnberg und Nathan Blom nach Sobibor transportiert und dort ermordet.

3. Anfang Mai 1943 wurden 1465 alte und kranke Juden und jüdische Eltern mit mehr als vier Kindern von Vught nach Sobibor transportiert. Die meisten von ihnen sind dort ermordet worden.

4. Am 6. und 7. Juni 1943 wurden mindestens 3000 jüdische Kinder nach Sobibor transportiert (»Kindertransport«). Kein Kind blieb am Leben.

5. Am 2. Juli 1943 wurden rund 1000 Juden von Vught nach Sobibor transportiert und dort fast alle ermordet.

6. Zwischen dem 20. und dem 27. September 1943 wurden rund 500 Juden aus Vught ins Lager Westerbork zum Weitertransport in die Vernichtungslager in Polen gebracht.

7. Mitte Oktober 1943 wurden 1007 jüdische Häftlinge aus Vught nach Auschwitz transportiert. Dort sind mindestens 490 von ihnen ermordet worden.

8. In der Zeit vom 27. März 1943 bis 20. Mai 1943 starben im Lager Vught 28 Säuglinge und Kleinkinder, weil sie keine ärztliche Hilfe erhielten. (Das geschah in dem Zeitraum, für den der Frankfurter Staatsanwalt Bötte festgestellt hatte, daß die Sterblichkeit in Vught »vergleichsweise gering« war – »5. Fall: Bunkermord«).

9. Im Frühjahr 1943 wurden drei nackte Häftlinge in einen kalten steinernen Waschraum eingesperrt und dort drei Tage ohne Nahrung gelassen, bis sie tot waren.

10. Am 15. November 1943 wurden 1152 Juden aus Vught nach Auschwitz transportiert. Weniger als fünf Prozent von ihnen haben überlebt.

11. Am 20. März 1944 wurden 316 jüdische Männer, zwei Frauen und zwei Kinder aus Vught nach Westerbork transportiert, mehr als 200 von ihnen kamen von dort nach Auschwitz, mindestens 38 von ihnen wurden dort ermordet.

Die Schutzhaftlagerführer in Vught hießen Franz Xaver Ettlinger und Georg Arnold Strippel. Sie waren für das Häftlingslager und für die Transporte zuständig. Hermann Wicklein war Adjutant des Lagerkommandanten. Gegen diese drei richtete sich das Verfahren.

Der Münchener Staatsanwalt Heiner Mayerhöfer »als Gruppenleiter« kam zu dem Ergebnis, daß »nicht mit hinreichender Sicherheit nachzuweisen ist, daß die Beschuldigten selbst Mordhandlungen vorgenommen beziehungsweise an Mordhandlungen anderer in mordqualifizierender Weise beteiligt gewesen waren«. Am 1. Februar 1985 stellte er deshalb das Verfahren ein.

Zu den Todestransporten erklärte er in der Einstellungsverfügung: Gegen die Schutzhaftlagerführer Ettlinger und Strippel, die bei der Transportabfertigung auf dem Bahnsteig waren, liege kein hinreichender Beweis dafür vor, daß sie »in einem konkreten Fall an der Vorbereitung oder Ausführung des Transports unter mordqualifizierenden Umständen mitgewirkt« hatten. Sie hätten auch annehmen können, daß die Transporte in andere Lager als Auschwitz oder Sobibor gingen.

Die Zeugen hatten allerdings die drei SS-Offiziere schwer belastet. Der Zeuge Max Cahen sagte zum Beispiel aus: Der Bahnhofsvorsteher von Vught habe sich geweigert, das Abfahrtssignal für den Kindertransport am 6. Juni 1943 zu geben. Darauf habe Schutzhaftlagerführer Ettlinger selbst dem Lokomotivführer diesen Abfahrtsbefehl erteilt.

Der Zeuge Sztijcer hatte Ettlinger angefleht, seine Frau und seine drei kranken Kinder noch eine Zeitlang in Vught zu lassen. Ettlinger habe ihn darauf gestoßen und geschlagen. Das bekundet auch der Zeuge Leo Schipper.

Der Zeuge Max Rosenberg erklärt, er sei selbst am 2. Juni 1944 von Vught nach Auschwitz transportiert worden. Dabei habe er Ettlinger gefragt, was mit den Kindern in Auschwitz geschehe. Ettlinger habe geantwortet: »Das ist Scheiße, es gibt keine Kinder in Auschwitz.«

Zu dem Tod der 28 Säuglinge im Lager Vught erklärte der Kinderarzt Professor Dr. Greveld, daß Ettlinger alle Maßnahmen zur Infektionsbekämpfung unterlassen und »ihnen entgegengearbeitet« habe. Die hygienischen Verhältnisse seien »unbeschreiblich schlecht« gewesen. Die Kinder seien Opfer von Zuständen geworden, die »jedem Verständnis von menschlicher Hygiene spotteten«.

Dafür sei, sagte die Einstellungsverfügung, Ettlinger nicht verantwortlich, weil er »an die Weisungen des Lagerkommandanten gebunden« gewesen sei. Schließlich sei Ettlinger die Tötung der drei Häftlinge, die für drei Tage in einen steinernen Waschraum eingeschlossen worden waren, »nicht hinreichend sicher nachzuweisen«. Denn es sei nicht sicher, »daß der Beschuldigte die drei Häftlinge zum Zwecke der Tötung dort einschloß«.

Außerdem sei nicht hinreichend geklärt, »wie und durch wen der Tod der Häftlinge verursacht wurde, zumal nicht rekonstruierbar ist, was im genannten Zeitraum von drei Tagen geschehen ist«.

Da man nicht mehr feststellen konnte, was mit den drei Häftlingen im verschlossenen Waschraum geschehen war, ob sie erfroren oder verhungert sind (oder sich womöglich gegenseitig umbrachten?), wurde derjenige, der sie dort eingeschlossen hatte, von Strafe verschont.

Der ehemalige Adjutant, Hermann Wicklein, wurde pauschal entlastet: »Allein aus der Tatsache, daß der Beschuldigte Wicklein Adjutant des Lagerkommandanten ... gewesen ist, kann nicht mit hinreichender Sicherheit geschlossen werden, daß er an der Vorbereitung oder Durchführung des Häftlingstransports ... unter mordqualifizierenden Umständen beteiligt war.«[29]

Selbst SS-Gerichte wären da strenger gewesen.

11. FALL

Gefangene erschießen ist kein Mord

Ein beliebter Sport war für die SS-Wachen des Lagers Neuengamme (und auch anderswo) das »Jagen über die Postenkette«: Ein SS-Mann nahm einem Häftling die Mütze weg und warf sie über die Bewachungslinie, die von einer Kette von Posten gebildet war. Dann befahl er dem Gefangenen, die Mütze wiederzuholen. In dem Augenblick, in dem der Häftling diese Linie übertrat, wurde er erschossen. Dafür bekamen die SS-Leute drei Tage Urlaub.

Wegen solcher Erschießungen wurde 1967 von dem Hamburger Gerichtsassessor Christian Wölk ein Ermittlungsverfahren gegen die beiden SS-Leute Filsinger und Erdmann geführt. Beide wurden außerdem beschuldigt, an der Vergasung von sowjetischen Offizieren beteiligt gewesen zu sein. Dazu hatte der Lagerkommandant Pauly den »Bunker« gasdicht herrichten lassen. Hölzerne Schächte wurden eingebaut, durch die das Zyklon-B-Pulver vom Dach in das Gebäude hineingeworfen werden konnte. Ventilatoren sorgten für die gleichmäßige Verteilung des sich entwickelnden Blausäure-Gases.

Das ganze Lager mußte antreten, um der Mordaktion zuzusehen. Die sowjetischen Offiziere wurden von SS-Leuten in den Bunker gedrängt. Der SS-Unterscharführer und Sanitäter Willi Bahr kletterte mit einer Büchse Zyklon-B aufs Dach, setzte sich eine Gasmaske auf und schüttete das Pulver hinein. Von drinnen hörte man dumpfes Gebrüll, das erst nach einer Viertelstunde ganz aufhörte. Eine Stunde mußten die Häftlinge zum Appell angetreten bleiben. Dann durften sie in ihre Baracken. Am Tage nach dem Massenmord hatte der SS-Sturmbannführer Max Pauly, Lagerkommandant von Neuengamme, dem SS-Brigadeführer Heinrich Müller in Berlin in einem kurzen Bericht mitgeteilt, »daß die russischen Kriegsgefangenen exekutiert und im Anschluß eingeäschert wurden«.

Mehrere ehemalige Neuengamme-Häftlinge sagten nach dem Kriege vor der Hamburger Kriminalpolizei aus, Filsinger und Erdmann seien bei diesen Vergasungen dabei gewesen.

Erdmann bestritt das. Aber er gab die Erschießung eines Häftlings zu: Er habe »als Blockführer einen Häftling erschossen, der vom Arbeitskommando ›Klinkerwerk‹ weggelaufen sei. Er habe den Flüchtenden erst angerufen und dann einen Warnschuß abgegeben. Als der Häftling trotzdem nicht stehengeblieben sei, habe er auf ihn geschossen und ihn auch getroffen. Er sei kurze Zeit später verstorben.«

Gerichtsassessor Wölk kam auf knappen neun Seiten Einstellungsverfügung zu folgenden Schlüssen: »Wenn ein SS-Bewacher einen Häftling erschossen haben sollte, weil er weglief, könnte dieses Verhalten allenfalls als Totschlag, nicht aber als Mord gewertet werden. Dasselbe gilt für die angebliche Erschießung eines Häftlings auf dem Marsch zur Arbeitsstelle. Auch in diesem Fall läßt sich der Aussage nicht entnehmen, daß der SS-Bewacher den aus der Kolonne ausbrechenden Häftling aus Mordlust oder sonst niedrigen Beweggründen erschossen haben könnte. Da die Häftlinge gewußt haben sollen, daß auf Ausbrechende ohne Warnung geschossen werden würde, käme eine heimtückische Erschießung nicht in Betracht. Wegen Totschlags könnten Personen, die möglicherweise diese Häftlinge getötet haben, nicht mehr bestraft werden, da die Strafverfolgung für andere Taten als Mord bereits verjährt sein würde.«

Das bedeutet: Wenn ein Opfer weiß, daß sein künftiger Mörder heimtückisch handelt, dann handelt der Mörder nicht mehr heimtückisch. Das ist der »Weichspüler« in der Mörderwaschmaschine.

Auch Filsinger stritt seine Beteiligung an den Vergasungen ab. Gerichtsassessor Wölk kam zu dem Ergebnis: »Der Zeuge Händler will die Beschuldigten Filsinger und Erdmann gesehen haben, als nach der Vergiftung der russischen Kriegsgefangenen die Türen des Arrestbunkers geöffnet wurden. Ob die Beschuldigten auch bei dem Hineintreiben der Kriegsgefangenen in den Bunker mitgewirkt haben, weiß der Zeuge dagegen nicht. Diese Aussage ist daher nicht geeignet, Erdmann und Filsinger einen Tatbeitrag nachzuweisen.«

Eine Massenvergasung ist ein einheitlicher Vorgang. Alle daran Beteiligten sind gleichermaßen Mittäter, vom Anfang bis zum Ende. Im ersten Nürnberger Prozeß hatte das der sowjetische Ankläger Rudenko auf die Kurzformel gebracht: »Wenn mehrere Verbrecher sich verabreden, einen Mord zu begehen, dann spielt jeder von ihnen eine bestimmte Rolle: der eine verfaßt den Mordplan, der andere wartet im Auto und der dritte schießt unmittelbar auf das Opfer. Doch wie auch ihre Teilnehmerrolle beschaffen sein mag, so sind sie doch alle Mörder, und jedes beliebige Gericht in jedem beliebigen Land wird den Versuch einer Beweisführung abweisen, die dahin geht, daß die ersten zwei nicht Mörder seien, da sie nicht selbst auf das Opfer geschossen haben.«[30]

Der polnische Häftling Ewald Gondzik hatte nach der Befreiung aus dem Lager Neuengamme ausführliche Aufzeichnungen über die Verbrechen im Lager gemacht.

In der Einstellungsverfügung sagte Assessor Wölk dazu: »Der polnische Zeuge Gondzik, nach dessen schriftlicher Darstellung Filsinger sich an der Tötung der Kriegsgefangenen beteiligt haben soll, ist nicht vernommen worden. Ob dieser Zeuge heute noch Einzelheiten über die »Vergasungsaktion« berichten kann, erscheint zweifelhaft, da es nicht feststeht, ob es sich bei Gondzik um einen Augenzeugen handelt.«

Nichts Genaues weiß man nicht. Vernommen hat Assessor Wölk den Häftling Gondzik nicht, der damals noch lebte. Für ihn stand schon vorher fest: »Selbst wenn der Zeuge den Beschuldigten Filsinger belasten würde, wäre seine Aussage allein nicht ausreichend, den Beschuldigten zu überführen, zumal andere Augenzeugen ihn nicht belasten.«

Da freut sich die Mörderwaschmaschine.

Auch der letzte Punkt in diesem Ermittlungsverfahren wurde erledigt: Filsinger sollte auch an Exekutionen im Lager Neuengamme beteiligt gewesen sein. Aber der Assessor Wölk fand »keine Anhaltspunkte dafür, daß solche Exekutionen heimtückisch, grausam oder mit gemeingefährlichen Mitteln im Sinne des Paragraphen 211 StGB ausgeführt sein könnten«.

Herr Christian Wölk ist heute Hamburger Oberstaatsanwalt.[31]

12. FALL

Die Rüstungsfirma braucht die Juden nicht mehr

Billige Arbeitskräfte waren auch in der Kriegszeit ein Magnet für die Industrie. Besonders billig waren sie in Polen, und die billigsten waren polnische Juden. Denen brauchte man überhaupt nichts zu zahlen. Sie waren mit einer Wassersuppe und damit zufrieden, daß sie nicht gleich getötet wurden.

Auch der österreichische Waffenkonzern Steyr-Daimler-Puch schöpfte aus dieser einzigartigen Profitquelle.

In Radom gab es seit 1925 eine »Waffen- und Fahrradfabrik«, zu der die große österreichische Konkurrenz gelegentlich Geschäftsbeziehungen unterhielt. Die Steyr-Daimler-Puch AG schickte ihren Direktor Janku nach Radom zur Übernahme der Waffen- und Fahrradfabrik. Er richtete dort einen Zweigbetrieb ein. Der Personalchef Bretterklieber ließ sich mehrere tausend jüdische Arbeitskräfte zuweisen. Für männliche Juden in Polen zwischen zwölf und 60 Jahren bestand seit dem 26. Oktober 1939 die Arbeitspflicht, eingeführt durch eine Verordnung der Regierung des »Generalgouvernements«. Die »Zwangsarbeitspflichtigen« wurden ein paar hundert Meter vom Werk entfernt in einem Barackenlager in der Szkolna-Straße untergebracht. Die Lebensbedingungen dort waren denen in einem KZ ähnlich.

Bewacht wurden die Juden von einem betrieblichen »Werkschutz«. Solche Einrichtungen waren schon 1939 im »Mobilmachungsplan für die Rüstungswirtschaft« vorgesehen, der 1939 vom Oberkommando der Wehrmacht aufgestellt worden war. Der Werkschutz bestand aus mili-

Ein deutscher Offizier erhängt in Polen einen Zivilisten.

tärähnlichen und bewaffneten Einheiten, aber die Angehörigen waren Angestellte der Firma und wurden von ihr bezahlt. Sie trugen schwarze Uniformen, Koppel, Schirmmütze und eine Hakenkreuz-Armbinde. Verantwortlich für die 60 Mann Werkschutz der Steyr-Daimler-Puch AG in Radom war der Personalchef Bretterklieber. Werkschutzleiter war ein Mann namens Finberger.

Der Werkschutz kontrollierte an den Toren die Arbeiter und den Fahrzeugverkehr. Er machte Leibesvisitationen und Kontrollen in den Produktionsräumen. Er ging in der Nähe des Werks auf Streife und bewachte das Arbeitslager. Dabei wurden oft Juden von den Werkschutzangehörigen mißhandelt und erschossen. Im Werkschutz waren viele »Volksdeutsche« aus Polen und der Ukraine, aus Litauen und Lettland. Sie trugen Gummiknüppel, Pistolen, Karabiner.

Einer hieß Jakob Holz, stammte aus Godow, nicht weit von Radom. Seine Eltern waren sehr arme Bauern, die mit ihren neun Kindern nach dem ersten Weltkrieg in die Ukraine umgesiedelt worden waren und später zurückkehrten. Er war nicht zur Schule gegangen und hatte nie einen Beruf erlernt. Bis die Deutschen in Polen einfielen, hatte er meistens als Hilfsarbeiter gearbeitet, wenn er nicht arbeitslos war.

Neunzehn war er, als der Personalchef Bretterklieber ihn Ende 1939 bei der Steyr-Daimler-Puch AG einstellte. Voraussetzung für seine Anstellung sei, daß er bereit sein müsse, auf Zwangsarbeiter zu schießen.

Von dieser Zeit an ging es aufwärts mit dem armen Analphabeten Jakob Holz. Er verdiente so viel wie nie vorher. Er bekam Sonderkarten für Lebensmittel und Bekleidung. Er konnte seine Eltern unterstützen. Und er lernte sogar notdürftig lesen und schreiben.

Nach einem halben Jahr wurde er zum stellvertretenden Wachzugführer befördert. Und im Mai 1944, aber da ging es schon dem Ende zu, machte die Firma Steyr-

Daimler-Puch ihn zum Wachzugführer und stockte sein Gehalt auf. Er lernte in der Schulung, daß Deutsche und auch Volksdeutsche Herrenmenschen seien, Juden dagegen minderwertig, faul, arbeitsscheu. Im Schießunterricht lernte er, daß die wirkungsvollsten Schüsse in den Hinterkopf abgegeben werden müßten. Diese Genickschüsse führten am schnellsten und sichersten zum Tode.

Bald praktizierte Jakob Holz das auch. Obwohl er durch einen Betriebsunfall sein linkes Auge verloren hatte, schoß er sehr genau. Er war ein besonders gefürchteter Werkschutzmann. Oft mißhandelte er die Juden. Häufig nahm er an Exekutionen teil. Auf Befehl von Personalchef Bretterklieber erschoß er mehrmals Juden im Lager in der Szkolna-Straße. Oder er brachte seine Opfer aus der Stadt heraus und tötete sie dort.

Das ging so, bis die Rote Armee sich näherte. Am 23. Juli 1944 wurden 1800 Juden aus den Steyr-Daimler-Puch-Werken zur Vernichtung abtransportiert nach Auschwitz. Die Rüstungsfabrik brauchte sie nicht mehr. Der Zweigbetrieb Radom wurde aufgelöst, die Maschinen nach Österreich transportiert.

Jakob Holz flüchtete Richtung Westen. Er ging mit seiner Familie nach Mecklenburg. In der Zeit der Landreform beantragte er eine Neubauernstelle und bekam sie auch: im mecklenburgischen Möckow bei Zierow im Kreis Greifswald. Er heiratete, hatte fünf Kinder, trat in die landwirtschaftliche Produktionsgenossenschaft ein und wurde für DDR-Verhältnisse wohlhabend. Er gab an, während des Krieges habe er als Hilfsarbeiter in einer Gerberei in Radom gearbeitet.

Doch im Frühjahr 1988 erwischte es den Jakob Holz, als er 78 Jahre alt war. Er wurde in Möckow verhaftet. Das hätte eigentlich schon fünfzehn Jahre früher geschehen müssen. Denn am 28. März 1973 erließ das Amtsgericht Hamburg einen Haftbefehl gegen Adolf Holz, wohnhaft in Zierow Kreis Greifswald, weil er dringend verdächtig sei, »in Radom/Polen im Herbst 1943 vorsätzlich und aus niedrigen Beweggründen und grausam Menschen getötet zu haben«.[32] Beantragt hatte den Haftbefehl der Hamburger Staatsanwalt Harald Duhn. Er war mit der Sache beauftragt, nachdem ehemalige Häftlinge aus Radom Aussagen über die Mordtaten von Holz gemacht hatten. Sein Aufenthaltsort war damals schon bekannt. Aber weil er in der DDR lag, beschloß der Bundesgerichtshof am 8. Mai 1973, daß dieses Ermittlungsverfahren in Hamburg laufen solle.[33] Staatsanwalt Duhn führte die Ermittlungen. Beantragte den Haftbefehl. Bekam ihn. Und dann ließ er den Mordfall Jakob Holz länger als vierzehn Jahre liegen.

Erst im Herbst 1987 gab die Hamburger Staatsanwaltschaft das Verfahren an den Generalstaatsanwalt der DDR in Berlin. Strafvereitelung im Amt? Ein Verfahren wurde nicht eingeleitet. Im September 1989 wurde Jakob Holz in Rostock vor Gericht gestellt.

In der Bundesrepublik wird immer wieder behauptet, nach mehr als 40 Jahren sei keine eindeutige Beweisführung gegen Naziverbrecher mehr möglich. Das Bezirksgericht Rostock bewies das Gegenteil. An sechs Verhandlungstagen sagten die noch lebenden Zeugen über die Taten des ehemaligen Werkschutzmannes Holz aus. Die Aussagen der später Verstorbenen wurden als Urkunden verlesen. Die Beweisführung war präzise.

Am 25. September 1989 verkündete die Vorsitzende Richterin Kersten das Urteil: Jakob Holz wurde »wegen Kriegsverbrechen und Verbrechen gegen die Menschlichkeit, begangen in Tateinheit« zu lebenslänglicher Freiheitsstrafe verurteilt.

Aus den Gründen: »Im Zeitraum Frühjahr oder Frühsommer 1943 erschoß der Angeklagte eigenhändig auf dem Gelände des Zwangsarbeitslagers in der Szkolna-Straße in Radom die sechzehn bis achtzehn Jahre alten jüdischen Zwangsarbeiter Rembiszewski, Rubinstein und Rutman durch Pistolenschüsse in den Hinterkopf beziehungsweise das Genick, weil sie versucht hatten, aus dem Lager zu fliehen ... Dort mußten die Lagerinsassen der Erschießung bewohnen. Unter ihnen befand sich der Vater eines Opfers, der die kaltblütige Ermordung seines Sohnes ebenfalls mitansehen mußte ...

Im Zeitraum Frühjahr 1942 bis Frühsommer 1943 erschoß der Angeklagte mit seiner Pistole den etwa achtzehn- bis neunzehnjährigen jüdischen Zwangsarbeiter Weinberg. Dieser hatte in der Waffenfabrik angeblich ein Werkzeug abgebrochen. Aus diesem Grund wurde er während der Nachtschicht von dem deutschen Faschisten Perkonik dem Werkschutz übergeben und am Morgen von Werkschutzangehörigen zum Lager Szkolna-Straße gebracht. Die Lagerinsassen, darunter die Zeugen Abraham und Irving Horn, mußten mit ansehen, wie der jüdische Zwangsarbeiter Weinberg in der Nähe des Lagerzaunes vom Angeklagten Holz durch einen Schuß mit der Pistole in den Hinterkopf getötet wurde. Sein Bruder, der Angehöriger der Jüdischen Lagerpolizei war, versuchte vergeblich, seinen jüngeren Bruder zu retten ...

Etwa im Sommer 1943 hat der Angeklagte im Zwangsarbeitslager in der Szkolna-Straße in Radom mit seiner Pistole sechs ältere Frauen und zwei Männer eigenhändig durch Genickschüsse ermordet. Die Ermordeten wurden zuvor von anderen Werkschutzangehörigen in die Nähe der Entlausungs- beziehungsweise Waschbaracke zum Angeklagten gebracht. Die Frauen mußten sich vor ihm in einer Reihe aufstellen, die Männer etwas abseits. Der Angeklagte gab die Anweisung ›knien‹, trat mit der Pistole in der Hand direkt hinter die Frauen und tötete sie nacheinander durch Schüsse in den Hinterkopf beziehungsweise in das Genick. Dann mußten die zwei Männer sich vor dem Angeklagten hinknien, und er erschoß auch diese eigenhändig ...

Etwa im Herbst 1943 erhielt der Angeklagte vom Personalchef Bretterklieber den Auftrag, das jüdische Ehepaar

Norymberski und dessen etwa sechs- bis achtjährige Tochter zu erschießen. Das sollte geschehen, weil ein Verwandter der Familie geflohen war. Nachdem der Personalchef die jüdische Familie in die Werkschutzwache der Waffenfabrik geführt hatte und dem Angeklagten den Auftrag zur Erschießung erteilt hatte, führte der Angeklagte die Familie mit drei weiteren Werkschutzangehörigen zum Lager in der Szkolna-Straße. Zur Abschreckung mußten die Lagerinsassen aus den Baracken treten und der Erschießung beiwohnen. Die Opfer mußten sich vor dem Angeklagten hinknien beziehungsweise hinlegen. Die Eltern baten ihn vergeblich, wenigstens ihr Kind zu schonen. Gnadenlos erschoß er aus kürzester Entfernung eigenhändig alle drei Opfer, als erstes den Mann, dann die Frau und zuletzt schreckte er nicht davor zurück, auch das laut weinende und um sein Leben flehende Mädchen zu töten ...

Zu einem nicht mehr exakt feststellbaren Zeitpunkt zwischen den Jahren 1942 und 1944 erhielt der Angeklagte vom Personalchef Bretterklieber eine Liste mit den Namen nicht mehr voll arbeitsfähiger jüdischer Zwangsarbeiter, die ausgesondert und erschossen werden sollten. Der Angeklagte begab sich daraufhin mit weiteren Angehörigen des 1. Wachzuges zum Lager in der Szkolna-Straße und rief die namentlich in der Liste aufgeführten Zwangsarbeiter heraus. Anschließend wurden sie vor den Lagerzaun des Zwangsarbeitslagers gebracht, wo sie sich vor einer bereits ausgehobenen Grube aufstellen mußten. Von jedem der anwesenden Werkschutzangehörigen wurde ein jüdischer Zwangsarbeiter mit einer Pistole durch Genickschuß getötet. Auch der Angeklagte, der diese Erschießung leitete, tötete eigenhändig einen jüdischen Zwangsarbeiter durch einen Schuß mit seiner Pistole in den Hinterkopf ... Die Anklage zu diesem Tatkomplex geht von der Erschießung von dreizehn nicht mehr voll leistungsfähigen jüdischen Zwangsarbeitern aus. Im Gegensatz hierzu und zum Antrag des Bezirksstaatsanwalts in der Hauptverhandlung sieht der Senat nur die Ermordung von acht Menschen als zweifelsfrei bewiesen an ...

1942 oder 1943 erhielt der Angeklagte vom Personalchef Bretterklieber den Auftrag zur Erschießung eines etwa 25jährigen polnischen Zwangsarbeiters. Der Angeklagte brachte den schmächtigen jungen Arbeiter unter Anwendung von Gewalt vor das Haupttor der Waffenfabrik in Radom. Der junge Zwangsarbeiter fiel auf die Knie und flehte den Angeklagten an, ihn nicht zu erschießen. Dennoch erschoß ihn der Angeklagte etwa 30 Meter vom Tor der Waffenfabrik entfernt durch einen Schuß mit seiner Dienstpistole in den Hinterkopf ...

Im Zeitraum vom Sommer 1942 bis Ende des Jahres 1943 hat der Angeklagte mit drei weiteren Werkschutzangehörigen des 1. Wachzuges auf einem Feld an der in Richtung Warschau führenden Straße in Gegenwart eines Angehörigen der örtlichen Gestapodienststelle an der Ermordung von vier Insassen des Zwangsarbeitslagers in der Szkolna-Straße teilgenommen und eigenhändig ein Opfer durch einen Pistolenschuß in den Hinterkopf getötet. Die vier Opfer im Alter von zirka 30 Jahren waren an Typhus erkrankt und sehr abgemagert. Von einem Angehörigen der Gestapo wurden zunächst der Angeklagte und drei weitere Angehörige des Werkschutzes, die die Erschießung durchführen sollten, vom Wachgebäude der Waffenfabrik mit einem Lkw abgeholt. Die Kranken mußten am Lager Szkolna-Straße zusteigen und sich zu den Werkschutzleuten auf die Ladefläche des Lkw setzen. Der Gestapo-Angehörige fuhr mit dem Lkw in Richtung Warschau. Nach einigen Kilometern hielt er an, und der Gestapomann gab dann den Befehl, die Juden zu erschießen. Die jüdischen Bürger wurden aufgefordert, wegzulaufen. Aus kürzester Entfernung wurden sie auf dem freien Feld in der Nähe eines Gebüschs von je einem Werkschutzangehörigen durch Pistolenschüsse getötet. Zu dieser Handlung hat der Angeklagte durchgängig ein detailliertes Geständnis abgelegt. Dieses Geständnis wird gestützt durch die Aussagen der Zeugen Friedman, Teichman und Win, welche übereinstimmend zum Ausdruck brachten, daß Angehörige des Werkschutzes der Waffenfabrik in Radom wiederholt kranke und schwache jüdische Arbeitskräfte ausgesondert und danach erschossen haben ...

Der Senat sah sich in diesem Verfahren vor die nicht immer leichte Aufgabe gestellt, Vorgänge, die fast ein halbes Jahrhundert zurückliegen, zu rekonstruieren. Ein Teil der Zeugen ist bereits verstorben, ein anderer Teil konnte wegen Krankheit oder Gebrechlichkeit nicht mehr vor Gericht erscheinen. Soweit prozessual zulässig, wurden deshalb Zeugenaussagen und Dokumente vorgetragen und zum Gegenstand der Beweisaufnahme gemacht. Die Zeugen Irving Horn und Misiowiec sagten vor dem Senat aus.

Bei der Bewertung aller Zeugenaussagen war deshalb zu berücksichtigen, daß diese Menschen häufig Zeugen solcher grausamen Ereignisse in dem Zwangsarbeitslager sowie bei der anschließenden Verschleppung zum Teil in Konzentrationslager waren. Damit verbunden waren kaum vorstellbare physische und psychische Belastungen und Leiden, die diese Menschen ertragen mußten, so daß eine genaue Erinnerung an Einzelheiten solcher grausamen Mordhandlungen nicht zu verlangen ist, beziehungsweise nur in den Fällen vorhanden war, wo sie mit zusätzlichem, besonders nachhaltigem Erleben des Einzelnen verbunden war.

Insofern schmälern daher Widersprüche zu bestimmten Einzelheiten nicht generell den Beweiswert der Aussagen. Bestimmend für die Bewertung der Zeugenaussagen war, daß alle Zeugen den Angeklagten mit Sicherheit durch sein krankes Auge identifizieren konnten und auch die sonst abgegebenen Personenbeschreibungen mit seinem Äußeren und seinem Alter weitgehend übereinstimmten.

Außerdem haben alle Zeugen den Angeklagten übereinstimmend als gewissenlosen, besonders brutalen Menschen und Vollstrecker von Aufträgen für Erschießungen und Mißhandlungen jüdischer Bürger, vor dem sich alle fürchteten, charakterisiert ... In den als bewiesen anzusehenden Fällen haben die Zeugen den Angeklagten zweifelsfrei als Täter erkannt und beschrieben. Die von ihm begangenen schrecklichen Verbrechen haben sich besonders nachhaltig in das Gedächtnis eingeprägt ...

Grausamkeit und Massenhaftigkeit der Verbrechen des faschistischen deutschen Hitlerregimes sind die Ursachen dafür, daß diese Gewalttaten noch heute, über 40 Jahre nach Beendigung des Zweiten Weltkrieges, nicht aus dem Bewußtsein der Völker der Welt getilgt sind und ihre strafrechtliche Verfolgung völkerrechtliches Gebot ist. Dabei geht es nicht nur um die Aufdeckung der Morde und Greueltaten und die gerechte Bestrafung der Schuldigen, sondern auch um die Sichtbarmachung der klassenmäßigen Wurzeln solcher Verbrechen und die Verdeutlichung der Mittel und Methoden der Irreführung und Verleitung von Menschen zu Handlungen bis hin zu schwersten Verbrechen, die ihnen in einer menschenwürdigen Gesellschaftsordnung absolut fremd geblieben wären. Nicht zuletzt ist es das Anliegen der konsequenten Verfolgung dieser Straftaten, derartige Barbarei unwiederholbar zu machen und den Willen der Völker zur Erhaltung und Sicherung des Weltfriedens zu festigen.

Ein Instrument zur Durchsetzung dieser Strategie und zur Absicherung nach außen und innen waren die in allen sogenannten ›geschützten Wehrwirtschaftsbetrieben‹ gebildeten betrieblichen Bewachungseinheiten, der sogenannte Werkschutz. Neben einer bereits aus dem Jahre

1937 stammenden Verordnung dazu war maßgeblich für ihre Bildung der sogenannte »Mobilmachungsplan für die Rüstungswirtschaft« aus dem Jahre 1939, herausgegeben vom Oberkommando der Wehrmacht (OKW). Trotz seiner äußeren Ausgestaltung als privatrechtliche Organisation und seiner teilweisen Unterstellung unter die Leitung des jeweiligen Betriebes beweisen die maßgeblichen Regelungen für die Auswahl seiner Angehörigen, ihre uniformmäßige Bekleidung und Bewaffnung den tatsächlichen Charakter des Werkschutzes und seine Eingliederung in den faschistischen Gewalt- und Unterdrükkungsapparat ...

In der Verordnung über den Wachdienst vom 14. Dezember 1937, gezeichnet vom damaligen Reichsminister des Innern, wird im Paragraph 2 bezüglich der sicherheitspolizeilichen Überprüfung festgelegt: daß der Reichsführer SS und Chef der Deutschen Polizei im Reichsministerium des Innern die sicherheitspolizeiliche Aufsicht ausübt ... Weiterhin wird in diesem Dokument an anderer Stelle die ausdrückliche Aufgabe des Werkschutzes zur Abwehr aller Angriffe von innen und außen, insbesondere Spionage, Sabotage, Auflehnung, Widersetzlichkeit, Revolten, staatsfeindliche oder staatsgefährdende Umtriebe, Bandenüberfälle, feindliche Fallschirmspringer und so weiter unterstrichen und bekräftigt. Damit sieht der Senat die tatsächliche Funktion des Werkschutzes als Bestandteil der kriegführenden Macht im Sinne des Völkerrechts als erwiesen an ... Die Waffenfabrik ›Steyr-Daimler-Puch AG‹ in Radom mit ihrer hierarchisch-militärisch organisierten Betriebsleitung, dem angegliederten Zwangsarbeitslager bis hin zum Werkschutz und jüdischen Ordnungsdienst, waren Teil dieses Mechanismus ... Im Verfahren wurden von den Zeugen besonders die sogenannten Kommissare Perkonik, Müller und Reich sowie der Personalchef Bretterklieber benannt, die vollkommen willkürlich Erschießungen anordneten, darunter auch solche von schwachen, älteren oder kranken Menschen.«

Heute liest man in der Werksgeschichte der österreichischen Firma Steyr-Daimler-Puch AG nichts von einem Zweigbetrieb in Radom. Zwar wird die Geschichte der Waffenproduktion kurz und verklärend gestreift: »Damals waren es allerdings keine Friedensprodukte, wie man sie dringend benötigt hätte ... Ab 1941 wurden Panzerkampfwagen des Typs IV gebaut, später auch Panzerjäger und der legendäre ›Jagdtiger‹.«[34] Auch die Sklavenarbeiter werden erwähnt, aber nicht die jüdischen Zwangsarbeiter: »Unter den ›Dienstverpflichteten‹ befanden sich besonders viele Franzosen, die aber viele Freiheiten genossen. Sie konnten sich frei bewegen, trugen Zivilkleidung, mußten ihre Nationalität nicht deklarieren, bekamen Heimaturlaub und waren in der Bezahlung den heimischen Arbeitskräften gleichgestellt.«[35]

1945 jedoch blieb »auch den Werken der Steyr-Daimler-Puch AG das Schicksal vieler anderer Rüstungsbetriebe nicht erspart«.[36] Aber: »Es mußte ein neuer Anfang gefunden werden«[37], und so rühmt die Werks-Chronik, die Steyr-Daimler-Puch AG sei »schon vor Jahrzehnten ... dieser heute oft zitierten Parole« gefolgt, indem sie »Pflugschare statt Schwerter« produziere: »Im einst größten Panzerwerk« werden nun »Traktoren für die Landwirtschaft« hergestellt.[38]

Die »Qualität durch Beständigkeit« wird hervorgehoben, und 1988 betrug der Konzernumsatz 13,6 Milliarden Schillinge und war in einem Jahr um zehn Prozent gestiegen. Nun will die Steyr-Daimler-Puch AG auch wieder in den Osten, wo »Perestrojka und Glasnost für Aufbruchstimmung« sorgen. »Wir verfolgen die Entwicklung genau«, sagt Direktor Leopold Krenn. »Zweifellos besteht dort ein großer Bedarf an Maschinen, wie wir sie erzeugen.«[39] Es wäre ja auch an der Zeit, die guten alten Geschäftsbeziehungen zu Polen wiederaufzunehmen. Vielleicht wird in Radom in der Szkolna-Straße ein Zweigbetrieb eingerichtet ...?

Ganz stimmt es nicht, daß bei Steyr-Daimler-Puch keine Waffen mehr hergestellt werden. Im Stammwerk in Wien wird heute der Jagdpanzer »Kürassier« gebaut und auch exportiert. In den siebziger Jahren ging eine größere Lieferung zum Beispiel nach Bolivien. Der Vertrauensmann der Steyr-Daimler-Puch AG in diesem Land hieß Klaus Altmann: »Ich mache Geschäfte mit Steyr in Österreich«, erzählte er einem Reporter. »Die haben doch früher unseren Panzer gebaut.« Nach den Angaben von Simon Wiesenthal hat Altmann für den Verkauf von über 100 »Kürassier«-Panzern an die Streitkräfte Boliviens Provision erhalten.[40]

Das war, ehe Altmann nach Frankreich ausgeliefert und dort zu lebenslanger Haft verurteilt wurde, weil er in Wirklichkeit der Gestapo-Chef von Lyon gewesen war und Klaus Barbie hieß.

13. FALL

Wer Babys tötet, ist kein Mörder

Am 30. August 1982 sprachen die Hamburger Richter Günter Bertram, Dr. Hans-Christoph Schwenke und Tilman Görtz einen Mann frei, der zwei neugeborene Kinder umgebracht hatte. Die Tat war 37 Jahre zuvor in dem Außenlager Eidelstedt des KZ Neuengamme am Friedrichshulder Weg geschehen. Der Täter war der Werkschutzleiter Walter Kümmel. Er war damals 40 Jahre alt und befehligte das Lager als SS-Unterscharführer. 500 jüdische Frauen unterstanden ihm. Mit ihnen ging er brutal um, schlug sie mit einer Peitsche oder einem Gummiknüppel. Die Richter sagten in ihrem Urteil, Kümmel habe bei den gefangenen Frauen zwar »als ein besonders übler, sadistischer, zu blutigen Exzessen neigender Menschenschinder« gegolten. Sie selbst seien in iher Beweisaufnahme aber zu der Würdigung gekommen, daß Kümmel »im Lager Eidelstedt *nur* schlug, wenn er es für erforderlich hielt, um die von ihm und seinen Vorgesetzten verlangte Disziplin, Ordnung und Sauberkeit durchzusetzen«.

Außer den zwei Kindermorden waren Tötungen nach Ansicht der Richter im Lager Eidelstedt (»die Sterberate war gering«) nicht vorgekommen. Die Äußerung, die der Angeklagte Walter Kümmel im Prozeß gemacht hatte, gab das Urteil nicht wieder: »Wir hatten, wenns hochkam, zwei Tote pro Tag.«

In der Bewertung von Zeugenaussagen fand man bei den drei Hamburger Berufsrichtern eine sehr abfällige Bemerkung. Zwei ehemalige KZ-Gefangene wollten

Walter Kümmel – als SS-Unterscharführer und als Pensionär. Im KZ tötete er zwei neugeborene Kinder.

nicht vor diesem Gericht aussagen. Sie lebten jetzt in Israel und in Australien. Das Urteil der Hamburger Richter zitierte zunächst eine Erklärung des Staatsanwalts: »Der Grund für die mangelnde Bereitschaft dieser Zeuginnen, auszusagen, dürfte nach der Überzeugung des Unterzeichneten darin liegen, daß im Rahmen dieses Verfahrens Dinge zur Sprache kommen könnten, die ihnen womöglich selbst zur Unehre gereichen könnten.« Dann sagten die Richter: »Diese Auffassung hat die Staatsanwaltschaft im Plädoyer aufgegeben. Das Gericht hält sie nach wie vor für richtig. Es hat allerdings nicht feststellen können, welche Informationen im einzelnen zwischen den Zeuginnen R. und Z. ausgetauscht worden sind, und ob ein bestimmtes Aussageverhalten vereinbart worden ist.« Es ging darum, daß im Lager Eidelstedt ein tuberkulosekrankes ungarisches Mädchen durch eine Giftspritze ermordet wurde. Die Richter unterstellten einer Häftlings-Krankenschwester und einer Häftlings-Ärztin eine Mitbeteiligung.

Ohne es konkret belegen zu können, machten die Richter daraus den Verdacht unehrenhafter Handlungen. Ein wenig mehr Zurückhaltung gegenüber der Ehre früherer KZ-Gefangener sollte man von deutschen Richtern eigentlich erwarten.

Im Februar 1945 gebar Alice Dubová aus Prag im Lager Eidelstedt einen Jungen. Aber in KZ-Lagern durften keine Kinder geboren werden. Der SS-Unterscharführer Kümmel hatte von seinem Vorgesetzten Wiedemann den Befehl bekommen, das Kind der Alice Dubová gleich nach der Geburt zu töten.

Die Lagerärztin, eine KZ-Gefangene, erklärte: Kümmel sei mit einer Decke erschienen, habe das Kind eingewickelt und sei weggegangen. Nach ungefähr einer Stunde sei er zurückgekommen und habe ihr erklärt, es sei eine Totgeburt gewesen. Eine andere Gefangene gab an, sie habe das Schreien des neugeborenen Kindes gehört. Die Mutter habe ihr erzählt, Kümmel habe das Kind kopfüber in einem Wassereimer ertränkt. Der SS-Mann Kümmel bestritt das. Die Frau habe ihr Kind tot zur Welt gebracht.

Die Richter machten es sich einfach: Das Gericht habe »wegen der Unzuverlässigkeit der erörterten Zeugenaussagen nicht einmal sicher feststellen können, ob das Kind der Frau Dubová lebend zur Welt kam. Der Angeklagte war daher in diesem Fall freizusprechen.«

Alice Dubová selbst konnte nicht mehr vernommen werden. Sie war ein paar Tage nach dem Mord an ihrem Kind wieder zum Trümmerräumen in Hamburg kommandiert worden. Als die Frauen am 1. März 1945 mit der Straßenbahn ins Lager zurücktransportiert wurden, stürzte die Mauer eines ausgebombten Hauses auf den Wagen. 27 Frauen wurden erschlagen. Darunter war auch Alice Dubová aus Prag.

Schwerer hatte es das Hamburger Gericht mit der Bewältigung der zweiten Kindestötung, die schon ein Vierteljahr vorher geschehen war. Rachel Herszkovicz aus Polen war 26 Jahre alt, als sie nach Hamburg-Eidelstedt kam. Und sie war schwanger. Auch dieses Kind sollte Kümmel sofort nach der Geburt befehlsgemäß töten. Am Nachmittag des 4. Dezember 1944 gebar Rachel Herszkovicz ein Kind. Es schrie laut, und die Ärztin zeigte es der Mutter: »Es war so schön. Es hatte schöne schwarze Haare. Ein gesundes Kind, ein Junge«, berichtete die Mutter später vor Gericht. Der Junge sollte Leopold heißen, so wie sein Vater. Aber kaum war das Kind abgenabelt, da wurde es in eine Decke gewickelt und hinausgetragen. Rachel Herszkovicz sah von ihrem Bett aus nur die schwarzen Schaftstiefel Kümmels, der ihr das Kind wegnahm und es in einen Waschraum brachte. Dort drehte er den Wasserhahn auf und hielt den Kopf des Jungen so lange darunter, bis das Neugeborene für immer still war.

Rose Domaracka. Als sie 26 war, gebar sie im Konzentrationslager einen Jungen. Er wurde ihr sofort nach der Geburt weggenommen und ertränkt.

Am nächsten Tag zeigte man der Mutter den Jungen. Er lag in einer Pappschachtel auf Sägespänen: »Das ist ihr Kind. Es ist tot geboren.«

Das alles konnten die ehemaligen Gefangenen von Eidelstedt vor den Richtern bezeugen. Rachel Herszkovicz ist am Leben geblieben, heißt jetzt Rose Domaracka und wohnt in Israel. Sie ist eine kleine dunkle Frau, herzkrank, zuckerkrank. Wirkte sehr klein gegenüber dem straff aufgerichteten 77jährigen Herrn Kümmel mit dem weißen Haarkranz, der zu ihrer Aussage erklärte: »Das ist eine Lüge nach der anderen.«

Doch auch die anderen Zeuginnen bestätigten den Mord. Cecilia Wassermann zum Beispiel, 63 Jahre alt: »Dann haben wir gesehen, wie er das Kind herausgetragen hat. Er hatte das Kind so in der Hand, an den Füßen, der Kopf hing nach unten. Er ging in den Waschraum und ließ Wasser über das Kind laufen. Als er es herausbrachte, war es tot.«

Und die Gefangenen-Ärztin Dr. Rose Zimmer: »Es war schon dunkel, als der Lagerführer mit dem Kind das Revier verließ. Nach einiger Zeit kam er zurück und sagte: ›Das Kind ist tot auf die Welt gekommen.‹ Ich habe darauf nichts gesagt. Ich durfte ja auch keinesfalls sagen, daß das Gegenteil richtig war. Es wußte ja auch jeder, daß das Kind lebend geboren war. In der damaligen Lage war uns Gefangenen schon alles egal. Es glaubte doch jeder, daß wir sterben würden, entweder durch Gas oder durch Bomben oder durch Nichtschlafen.«

Der Täter hatte eine einfache Erklärung für die Aussagen, die ihn so belasteten: »Was weiß ich, was der Staatsanwalt den Zeuginnen gesagt hat, was sie aussagen sollen? Jetzt kommen die Zeugen hierher und verleben schöne Tage in Hotels und lügen.«

In diesem Fall konnte das Hamburger Gericht die Zeuginnen nicht einfach für wenig glaubwürdig erklären. Zwar waren die Richter nicht davon überzeugt, daß der Säugling Leopold Herszkovicz unter einem Wasserhahn durch Ertränken ermordet wurde. Aber daß das Kind gelebt hatte und daß es getötet worden war, und zwar von Kümmel, stand nach dieser Beweisaufnahme fest. Mußte Kümmel deshalb gleich ein Mörder sein? Hatte er einen eigenen Täterwillen gehabt, als er das Kind unter den Wasserhahn hielt?

Nein, sagten die Richter: »Daß der Angeklagte sich bei der befehlsentsprechenden Handlung von einem (eigenen) Täterwillen hätte leiten lassen, oder daß er sich mit dem Befehl (ihn persönlich bejahend) identifiziert hätte, ist nicht nur nicht bewiesen, dafür sind in der Beweisaufnahme keine Indizien hervorgetreten.«

Wer war also der Täter?

»Es kann nicht zweifelhaft sein, daß die Befehlsgeber (die Lagerkommandantur in Neuengamme oder das Reichssicherheitshauptamt in Berlin) die Tötung des Säuglings befohlen hatten, weil für sie das Kind einer jüdischen Zwangsarbeiterin nichts weiter war als ein störendes Element im Arbeitsablauf, ohne jedes Lebensrecht.«

Da Kümmel nicht der Täter war, sondern nur Beihilfe zum Mord geleistet hatte, mußte sich das Gericht fragen, ob er grausam und heimtückisch gehandelt habe.

»Da die Art und Weise, in der die Tötung vollzogen wurde, nicht mehr geklärt werden konnte, muß offen bleiben, ob das Kind auf grausame, das heißt für das Kind quälende Weise getötet wurde. Das Gericht hat auch nicht feststellen können, ob das Kind heimtückisch im Sinne des Gesetzes getötet wurde. Der Säugling selbst war naturgemäß außerstande, im rechtlichen Sinne anderen Vertrauen entgegenzubringen ... Die Zeugin Domaracka als Mutter des Kindes war nicht arglos im Rechtssinne, weil sie schon vor der Niederkunft mit der Tötung des Babys gerechnet hatte. Der Angeklagte hat bei der befohlenen Tat bewußt und gewollt mitgewirkt, aber allein aufgrund des Befehls, mit dem er sich nicht identifizierte und den er nicht in bereitwilligem Einverständnis ausführte. Er handelte nur deshalb, weil er glaubte, den als verbrecherisch erkannten Befehl ausführen zu müssen, weil er seiner militärischen Erziehung gemäß ein befehlsergebener Mann war. Er ging, soweit das Gericht hat feststellen können, dabei nicht über das Befohlene hinaus. Sein innerer Wille war - im Rechtssinne - der eines Gehilfen, Paragraph 27, Abs. 1 StGB.

Da das Gericht dem Angeklagten nicht hat nachweisen können, daß er aus eigenen niedrigen Beweggründen an der Tat mitwirkte, gilt für ihn gemäß der Paragraphen 211, 27, 28 Abs. 1, 49 Abs. 1 Ziffer 1, 38 Abs. 2 StGB eine Strafdrohung von drei bis fünfzehn Jahren ... Die Tat des Angeklagten ist damit verjährt. Das Verfahren gegen den Angeklagten war daher in diesem Anklagepunkt gemäß Parapgraph 260 Abs. 3 StPO einzustellen.«[41]

84 000 heimliche Begnadigungen

Noch einmal die Zahlen: 94 756 Ermittlungsverfahren gegen Naziverbrecher. 6 482 Verfahren wurden abgeschlossen. Wie viele davon mit Freispruch, ist nicht bekannt. Zu den »abgeschlossenen« Fällen gehört auch das Verfahren gegen den Neuengammer SS-Mann Kümmel, der freigesprochen wurde, weil ein ertränktes Baby noch keinen Argwohn haben kann, der Fall 13. Aber 84 000 Fälle wurden »ohne Bestrafung« abgeschlossen.

Das Tatwerkzeug der Staatsanwälte war die Verfahrenseinstellung. 84 000 Einstellungsbeschlüsse, 84 000 heimliche Begnadigungen, ohne jede Kontrolle der Öffentlichkeit. Weggeschlossen in den Archiven, mit dem Vorhängeschloß des Datenschutzes.

Auf ihnen, den Staatsanwälten, ruhte die Hauptlast der »Bewältigung«, der »Säuberung«, der »Wiedereingliederung« der Naziverbrecher. Sie waren es, vor allem, die diese riesige Mörderwaschmaschine in Betrieb hielten. Indem sie die Säuberung machten, machten sie die Dreckarbeit. Sie dienten jenen alten Juristen, die, nach den Worten des Bremer Justizsenators Volker Kröning »die Ereignisse der zwölf Jahre von 1933 bis 1945« verschwiegen. Sie, die Staatsanwälte, hatten begriffen, daß es »nicht Hauptaufgabe der im Neuaufbau befindlichen Justiz sei, in der ›Vergangenheit zu wühlen‹, also nationalsozialistische Verbrechen aufzuklären.«

Andererseits konnte man nicht über Millionen Morde weggehen mit dem Anspruch, ein Rechtsstaat sein zu wollen. Die Morde mußten justizförmig erledigt werden, dazu dienten die Ermittlungsverfahren. Danach konnte man behaupten, all diese Fälle habe die Justiz geprüft, und sei die Prüfung auch so minimal ausgefallen wie bei dem Hamburger Gerichtsassessor Wölk. Vorzeigen konnte man die Ergebnisse nicht. Deshalb verschloß man sie in den Archiven. Nur selten kommen, Betriebsunfälle der schweigenden Kumpanei, einzelne solcher Akten zum Vorschein. Die dreizehn Fälle dieses Buches stehen als Beispiele.

Vielfältig sind die Methoden, mit denen ein Ermittlungsverfahren wegen Mordes zur Einstellung gebracht werden konnte. Eines der simpelsten Mittel war die Wiederholung einer Zeugenvernehmung. Wenn sich der »Zeuge«, also in den meisten Fällen ein geschundener KZ-Gefangener, bei der zweiten (oder dritten, vierten, fünften, sechsten) Vernehmung nicht mehr exakt an das gleiche erinnerte wie beim ersten Male, dann »verstrickte er sich in Widersprüche«. Das reichte zur Einstellung.

Beliebt war die »biologische Lösung«: Strafverfahren wurden so lange hingezogen, bis die Täter tot oder nicht mehr verhandlungsfähig waren. Am 21. April 1979 gingen die Angehörigen der ermordeten Kinder vom Bullenhuser Damm zum Hamburger Justizsenator Frank Dahrendorf und baten ihn, den Mörder ihrer Kinder anzuklagen. Der Senator antwortete, er persönlich halte wenig von einem Strafverfahren nach so langer Zeit. Er befürworte die biologische Lösung.

Wo sind die 84 000 Einstellungsverfügungen geblieben? Wer hat entschieden, was aufgehoben und was vernichtet werden soll? Die Hamburger Justizsenatorin Eva Leithäuser mußte am 23. Februar 1984 – im Zusammenhang mit einem Verfahren wegen Massenmordes im Konzentrationslager Porta – den folgenden Brief schreiben: »Die Staatsanwaltschaft bei dem Landgericht Hamburg hat mir berichtet, daß die Sie ... interessierende Akte entgegen geltenden Aufbewahrungs- und Ablieferungsbestimmungen vernichtet worden ist. Bei ihren Nachforschungen hat die Staatsanwaltschaft nicht feststellen können, wie es zu der Vernichtung der Akte gekommen ist. Aussonderungsarbeiten dieser Art müssen vielfach von Aushilfskräften verrichtet werden, denen trotz Unterweisung ein Fehler bei der Anwendung von Aufbewahrungsbestimmungen eher unterlaufen kann als einem ständig mit diesen Angelegenheiten befaßten Mitarbeiter. Anhaltspunkte dafür, daß besondere Motive den Fehler herbeigeführt haben, liegen nicht vor ... Der Leitende Oberstaatsanwalt hat Veranlassung genommen, alle Mitarbeiter der Staatsanwaltschaft bei dem Landgericht, die mit der Aufbewahrung von Akten und deren Ablieferung an das Staatsarchiv befaßt sind, nochmals an die Einhaltung der einschlägigen Bestimmungen zu erinnern.«[42]

Die Veranlassung ging offenbar nicht so weit, die massenweise Aktenvernichtung in Hamburg, auch durch Aushilfskräfte wie arbeitslose Lehrer, einzustellen. Wie sollte es in anderen Bundesländern anders sein?

Am 20. Oktober 1988 beantragte ich beim Generalstaatsanwalt in Hamburg Einsicht in eine Ermittlungsakte, die Mordtaten im Warschauer Getto betrifft. Nach einem Monat wurde mir mitgeteilt: »Voraussetzung für die Gewährung von Akteneinsicht ist ein wissenschaftliches Forschungsvorhaben, das nach Gegenstand, Zweck und Methodik beschrieben werden muß. Dabei muß auch ein Konzept zur Gewährleistung datenschutzrechtlicher Belange vorgelegt werden. Im Hinblick auf die Datenschutzrechte der in den Akten genannten Personen muß das öffentliche Interesse an der Durchführung des Forschungsvorhabens das Geheimhaltungsinteresse der Betroffenen erheblich überwiegen. Es muß ferner sichergestellt sein, daß ein Mißbrauch der erlangten Daten ausgeschlossen ist. Der Zweck der Forschung darf nicht auf andere Weise zu erreichen sein. Schließlich kann Akteneinsicht nur gewährt werden, soweit für die Staatsanwaltschaft kein unvertretbarer Verwaltungsaufwand entsteht. Sollten diese Voraussetzungen gegeben sein, wäre von Ihnen eine datenschutzrechtliche Verpflichtungserklärung abzugeben, die ich Ihnen zu gegebener Zeit übersenden werde. Über Ihren Antrag ist sodann in Abstimmung mit dem Hamburgischen Datenschutzbeauftragten zu entscheiden.«

Ich brachte alle gewünschten Unterlagen. Beschrieb das wissenschaftliche Forschungsvorhaben der Universität Osnabrück nach Gegenstand, Zweck und Methodik. Ich legte ein Gutachten der Universität vor, ein Konzept zur Gewährleistung datenschutzrechtlicher Belange. Ich wies nach, daß das öffentliche Interesse an der Durchführung des Forschungsvorhabens das Geheimhaltungsinteresse der Betroffenen erheblich überwog und daß ein Mißbrauch der erlangten Daten ausgeschlossen war. Der Zweck der Forschung war nicht auf andere Weise zu erreichen.

Das Ergebnis war: Nach mehr als einem halben Jahr wurde mir am 23. Mai 1989 telefonisch erklärt, leider seien die Akten des einen Verfahrens (»Staatsgefährdung«) bereits vernichtet. Das zweite Verfahren sei sehr umfangreich. Es sei ausgeschlossen, mich im Archiv arbeiten zu lasen und 40 Regale durchzusehen. Deswegen werde mir vorgeschlagen, von einer Staatsanwältin namens Grabitz eine Auswahl des für mich relevanten Materials vornehmen zu lassen.

Diese Infamie wurde mit einem vergifteten Kompliment geschmückt: »Wir wissen ja, daß Ihre Forschungen auch in unserem Interesse sehr wichtig sind.« Andererseits wolle man mir nicht verhehlen, daß mein Antrag bei der Staatsanwaltschaft auf Skepsis gestoßen sei. So kann man es auch machen, wenn man einen Antrag ablehnen will. Datenschutz für Naziverbrecher hat Vorrang.

In einigen Fällen scheuten sich die Nachkriegsjuristen gar nicht, ihre Nazigesinnung offen zur Grundlage ihrer

Unrechtsprechung zu machen: Gleich nach dem Krieg machte man in Hamburg Dr. Enno Budde zum Landgerichtsdirektor. Der Öffentlichkeit fiel er im Dezember 1958 auf. Da lehnte er als Vorsitzender der Ersten Strafkammer die Eröffnung eines Hauptverfahrens gegen den Holzhändler Friedrich Nieland ab. Der Mann hatte eine antisemitische Hetzschrift verfaßt und im Lande Hamburg verbreitet. Nun kamen auch frühere Aktionen dieses Richters heraus:

Den Gestapo-Beamten Baumer hatte er freigesprochen, obwohl der Mann furchtbare Mißhandlungen an Gefangenen begangen hatte (die damals noch nicht verjährt waren). Das Urteil wurde aufgehoben, und der Gestapomann wurde von einer anderen Kammer zu einer Strafe von anderthalb Jahren Zuchthaus verurteilt.

Ein Hamburger Polizeibeamter hatte die schwarz-rotgoldene Fahne einen »Drecklappen, der gewaschen werden muß« genannt. Budde sprach ihn frei.

In einem Prozeß gegen einen ehemaligen SS-Offizier, der wegen seiner Verbrechen im Konzentrationslager angeklagt war, hielt Budde einem KZ-Häftling vor: »Hören Sie mal, ich bin Reserveoffizier, Sie sind Reserveoffizier, der Angeklagte ist Reserveoffizier. Diese Sache hätte man auch anders regeln können.«

Dr. Enno Budde war schon 1927 wegen seiner frühfaschistischen Aktionen »anstelle einer an sich verwirkten Gefängnisstrafe von sechs Wochen« zu einer Geldstrafe von 600 Mark verurteilt worden.

1935 hatte Budde in dem »Althannoverschen Kalender« eigene Politikbekenntnisse abgelegt. Zum »ersten großen deutschen Erntedankfest des nationalsozialistischen Reiches zum Lob und Preis der Erhaltung von Blut und Boden in Niedersachsen« hatte dieser Richter proklamiert, daß »die Reinerhaltung der Rasse lebensnotwendig zur Erhaltung der Rasse ist ... Blut und Boden drohten in Deutschland zu Beginn des 19. Jahrhunderts durch die Judenemanzipation und durch die Bauernbefreiung eine neue Gefahr. Beiden Gefahren sind in Niedersachsen die Welfen mit einer einzigartigen Gesetzgebung begegnet. Der ewigen Rechtsidee, der Erhaltung der Rasse diente das hannoversche Judengesetz, das den Juden noch viel mehr Beschränkung als unsere heutige Ariergesetzgebung auferlegte. Die Folge war, daß der Zuzug fremder Juden fast unmöglich war.«

Solch einen Mann machte die Stadt Hamburg nach der Befreiung zu einem ihrer höchsten Richter und ließ ihn über antisemitische Hetzschriften urteilen.

Als der Fall schließlich aufkam, wurde Budde nicht etwa zur Verantwortung gezogen oder aus dem Amt entfernt. Er erklärte: »Wegen der persönlichen Angriffe gegen mich, fühle ich mich innerlich nicht mehr frei und unabhängig genug, um weiterhin in Strafsachen tätig zu sein« und beantragte seine Versetzung zur Ziviljustiz. Dort war er noch lange als Vorsitzender der Zivilkammer 16 in Mietsachen tätig. Zwar hatte die Staatsanwaltschaft Hamburg auf die Anzeige eines hannoverschen Ingenieurs ein Ermittlungsverfahren gegen Budde wegen Strafvereitelung im Amt eingeleitet. Aber wie das ausging, kann sich jeder denken. Es wurde eingestellt.

Eingestellt, wie ein Vierteljahrhundert später ein ganz anderes Verfahren. Das gegen den Leitenden Medizinaldirektor Dr. Richard Rühl in Bonn. Während des Krieges hatte er als Luftwaffenarzt im Konzentrationslager Natzweiler im Elsaß Menschenversuche an jungen Zigeunern gemacht. Die Opfer hatte er sich aus dem KZ Auschwitz bestellt. Um ein Gegenmittel gegen das Kampfgas Phosgen zu erproben, ließ er Zigeuner in eine Gaskammer sperren. Mindestens drei seiner Opfer starben dabei.

Spätestens seit 1952 waren die Taten des Mediziners bekannt. Da war er in Frankreich vom Militärgericht Metz wegen Mordes zum Tode verurteilt worden – in Abwesenheit. Das war kein Hinderungsgrund, ihn in den staatlichen Gesundheitsdienst zu übernehmen. Er wurde in Bonn zum Leiter des Gesundheitsamtes für den Rhein-Sieg-Kreis gemacht.

Erst 30 Jahre nach dem französischen Todesurteil wurde 1982 gegen ihn auch in Bonn ein Verfahren eingeleitet. Ein Jahr später wurde der Mann pensioniert. Wieder ein Jahr darauf wurde das Verfahren von der Schwurgerichtskammer Bonn eingestellt: Der Arzt leide an »neuropsychologischen Störungen und Bluthochdruck«.

Die Verfahrenseinstellungen gegen Nazimörder wurden verlängert in die Gegenwart. Auch gegen neue Nazis fehlte und fehlt meistens jeder Verfolgungswille:

Die Staatsanwaltschaft Oldenburg stellte im November 1978 ein Verfahren gegen Teilnehmer einer Hitler-Gedenkfeier ein. Sie hatten sich in einer Gaststätte in Dinklage im Kreis Vechta um eine Hitlerbüste versammelt, die mit Kerzen beleuchtet war. Dann sangen sie Nazilieder, unter anderem: »Heute gehört uns Deutschland, und morgen die ganze Welt«. Der Staatsanwalt befand, keinem Teilnehmer habe persönlich die Verwendung von Kennzeichen verfassungswidriger Organisationen nachgewiesen werden können. Die »bloße Teilnahme« an einer Versammlung, auf der solche Kennzeichen verwendet wurden, stelle »für sich genommen kein strafbares Verhalten« dar.

Die Staatsanwaltschaft München I stellte 1977 ein Verfahren gegen zwei Mitglieder der rechtsradikalen Deutschen Volksunion (DVU) ein. Sie gehörten zu einer Ordnertruppe, die den jüdischen Rechtsanwalt Serge Klarsfeld zusammengeschlagen hatte. Der Staatsanwalt befand, es habe zwar Tätlichkeiten der Ordnertruppe gegen Klarsfeld gegeben. Es sei aber nicht klar, ob die beiden Mitglieder der Ordnertruppe persönlich daran beteiligt gewesen seien.

Die Staatsanwaltschaft Bamberg stellte 1980 ein Verfahren gegen vier Rechtsradikale ein, die – in schwarzen

Uniformen und mit Odalsrunen an Koppelschlössern und an Halsketten – in einer Ausstellung des Deutschen Gewerkschaftsbundes antisemitisches Hetzmaterial angebracht hatten. Der Staatsanwalt billigte den Neofaschisten das Recht auf freie Meinungsäußerung zu, von dem sie durch das Anbringen der antisemitischen Propaganda Gebrauch gemacht hätten.

Und in der Staatsanwaltschaft Frankenthal gab es 1988 vorübergehend Zuwachs: Der Staatsanwalt Horst Leisen aus Trier wurde dorthin strafversetzt. Gegen ihn lief ein Ermittlungsverfahren, weil er in Zusammenkünften mit Gleichgesinnten das Nazi-Lied »Die Fahne hoch, die Reihen fest geschlossen« gesungen hatte. Außerdem hatte er seine Freunde mit hoch erhobenem rechten Arm begrüßt, dem Hitler-Gruß. Aber bald wurde auch gegen ihn das Ermittlungsverfahren eingestellt.

Was haben diese Staatsanwälte eigentlich sonst getan, außer Verfahren gegen Naziverbrecher einzustellen? Der Hamburger Staatsanwalt Helmut Münzberg zum Beispiel, der das Verfahren gegen Strippel wegen des Kindermordes einstellte (Fall 3), hat 1962 einen ganz anders liegenden Fall bearbeitet:

Damals sollte die Bundeswehr mit Atomwaffen ausgerüstet werden. Unter den Menschen, die dagegen protestierten, war das Ehepaar Steffi und Kurt W. in Hamburg. Sie waren während der Nazizeit als Juden emigriert. An einem Januartag gingen sie in Hamburg mit ihren beiden Kindern mit kleinen Schildern auf die Straße. Das jüngste Kind saß im Kinderwagen mit einer Papptafel »Keine Bomben, kein Luftschutz, darum Abrüstung«. Der größere Junge trug ein eigenes Schild »Macht Frieden miteinander«. Und der Vater trug eine Tafel »Atomwaffenfrei, neutral!«.

Staatsanwalt Münzberg eröffnete gegen die Eltern ein Verfahren wegen »Verdachts der Staatsgefährdung«[43]. Am 20. Juli 1962 wurde Kurt W. von dem für Staatsschutzsachen zuständigen Amtsgerichtsrat Geert Ziegler vernommen. Mehr als drei Monate später, am 25. Oktober 1962, stellte Dr. Helmut Münzberg das Verfahren ein.

Am 28. August 1984 entschied die Staatsanwaltschaft Hamburg über den ersten Staatsmord, der nach der Machtübernahme der Nazis in Hamburg vorgenommen worden war. Am 1. August 1933 waren auf dem Hof des Altonaer Amtsgerichtes vier Männer mit dem Handbeil getötet worden: August Lütgens, Bruno Tesch, Karl Wolff und Walter Möller. Sie waren am 2. Juni 1933 von einem Sondergericht zum Tode verurteilt worden, weil sie angeblich am sogenannten »Altonaer Blutsonntag« 1932 Widerstand gegen die Polizei geleistet hatten.

Die Staatsanwaltschaft hätte dieses Unrechtsurteil der Nazis aufheben können. Sie war dazu nach der »Verordnung über die Gewährung von Straffreiheit« befugt (und verpflichtet). Doch sie lehnte den Antrag der Hinterbliebenen ab. Begründung: Die Paragraphen, nach denen die Männer zum Tode verurteilt wurden, seien »sämtlich Vorschriften, die bereits vor der NS-Herrschaft bestanden, mithin nicht typisch nationalsozialistisches Unrecht waren«.[44]

Die Tatwerkzeuge des Sondergerichts, mit denen die vier Männer totgeschlagen wurden, waren die Paragraphen und das Beil. Beide waren schon vor der Nazizeit in Gebrauch gewesen und daher nicht typisch nationalsozialistische Unrechtswerkzeuge.

Hoffnung

In unserem Lande gibt es nicht nur solche Juristen, von denen in diesem Buch die Rede gewesen ist. Es gibt Richter, die sich durch keinen öffentlichen Druck zu einem staatlich gewünschten Urteil beugen lassen – Frankfurter Soldatenurteil. Es gibt Richter, die sich vor einem Depot mit Massenvernichtungswaffen in Mutlangen auf die Straße setzen, an einem eisigen Wintertag und obwohl sie mit Strafe bedroht werden. Noch vertreten sie nicht die Meinung der Herrschenden und nehmen in Kauf, daß man sie nicht zu Leitenden Oberstaatsanwälten oder Vorsitzenden Richtern befördern wird. Aber sie sind die Hoffnung in unserem Land, in dem die verrostete Mörderwaschmaschine ihre letzten Drehungen macht.

Die Bremer Richter Kurt Kratsch, Harald Schmacke und Rainer Lang haben am 26. November 1987 folgenden Beschluß gefaßt: »Das Urteil des Sondergerichts bei dem Landgericht Bremen vom 8. Juli 1942 wird auf Kosten der Staatskasse aufgehoben.«[45] Damit hoben sie ein Mordurteil gegen einen polnischen Jungen auf: Am 8. Juli 1942 hatten Bremer Nazirichter den siebzehnjährigen Walerjan Wrobel wegen einer Brandstiftung zum Tode verurteilt und ihn hinrichten lassen.

Heute ehrt eine Gedenkplakette am Gebäude des Bremer Landgerichts den polnischen Jungen.

Fußnoten

1 Zitiert nach Ljubow Kosmodemjanskaja, Soja und Schura, Militärverlag der Deutschen Demokratischen Republik, Berlin 1976, S. 196 f. Auch die weitere Darstellung des Falles folgt diesem Buch.
2 Greiner und Schramm, Kriegstagebuch des Oberkommandos der Wehrmacht, Band 2, Seite 1085.
3 Ebenda, S. 751.
4 Ebenda, S. 780.
5 Ebenda, S. 790.
6 Ebenda, S. 806.
7 Ebenda, S. 846.
8 Prawda, 27. Januar 1942.
9 Gegenüber diesem Grabstein wurde 1945 ein zweiter gesetzt, für Sojas Bruder Schura. Er war am 13. April 1945 als Panzerkommandant bei der Eroberung von Vierbrüderkrug westlich von Königsberg gefallen.
10 Greiner und Schramm, a.a.O., S. 1084.
11 Ebenda, S. 1076.
12 Wilhelm Lührs, »Reichskristallnacht« in Bremen, Herausgegeben vom Senator für Justiz und Verfassung der Freien Hansestadt Bremen, 1988, Seite 59.
13 Ebenda, S. 93 und 96.
14 Zitiert nach den Gerichtsakten beim Generalstaatsanwalt der DDR.
15 JAG 145, Public Record Office, London.
16 Az.: 147 Js 45/67 Staatsanwaltschaft Hamburg.
17 Urteil Landgericht Frankfurt vom 1. Juni 1949, Az. 19/8 Ks 6/49.
18 Günther Schwarberg, Der SS-Arzt und die Kinder vom Bullenhuser Damm, Steidl Verlag, Göttingen 1988.
19 Az.: 130 (24) Js 540/61 (Z) der Staatsanwaltschaft Köln, Zs 1019/79 (11/82) des OLG Köln, 3 StR 574/86 des BGH.
20 Protokoll der Sitzung des Landtags Rheinland-Pfalz vom 25. Oktober 1979, S. 374 ff.
21 Ebenda, S. 377 f.
22 Az.: Js 10/79 Generalstaatsanwaltschaft Koblenz.
23 Az.: 50 Js 14582/79 Staatsanwaltschaft Frankfurt am Main.
24 Dieses und die folgenden Zitate stammen aus dem Verfahren 141 Js 624/58 der Staatsanwaltschaft Hamburg.
25 richtig: Wilhelm Dreimann.
26 Az.: 11 Js 255/49 Staatsanwaltschaft Hagen.
27 Spruch der VI. Spruchkammer des Landes Bremen vom 30. Juni 1949, Az.: VI.Sp.A. 2/49.
28 Az.: 147 Js 27/67 Staatsanwaltschaft Hamburg.
29 Az.: 320 Js 19330/82 StA München I.
30 Peter A. Steiniger, Der Nürnberger Prozeß, Rütten & Loening, Berlin 1957, Band I, S. 102.
31 Az.: 147 Js 32/65 Staatsanwaltschaft Hamburg.
32 Az.: 147 Js 6/73 Staatsanwaltschaft Hamburg.
33 Az.: 2 ARs 43/73 BGH
34 »traktor aktuell« (Medieninhaber und Herausgeber: Steyr-Daimler-Puch AG), 4/89, S. 15.
35 Ebenda.
36 »traktor aktuell«, 1972, S. 16.
37 Ebenda.
38 »traktor aktuell«, 4/89, S. 14.
39 Ebenda, S. 12.
40 »Stern« Nr. 42, 9. Oktober 1980.
41 Az.: (90) 5/80 Ks und (90) 1/82 Ks Landgericht Hamburg.
42 im Besitz des Autors.
43 Az.: 158 Gs 1854/62 IV Amtsgericht Hamburg.
44 Az.: 141 AR 25/84 Staatsanwaltschaft Hamburg.
45 Az.: 16 AR 59/87 – 5 Sond. KLs 42/42 Landgericht Bremen.

Personenregister